LA SOCIÉTÉ

à

Responsabilité limitée

COMMENTAIRE DOCTRINAL

des lois des 7 Mars 1925, 10 Février 1926, 13 Janvier 1927 et 30 Décembre 1928

avec Revue de la Jurisprudence

PAR

J. LAFON
ANCIEN EMPLOYÉ SUPÉRIEUR
DE L'ENREGISTREMENT
AVOCAT A LA COUR D'APPEL DE DIJON

&

P. LAFON
INGÉNIEUR
DES ARTS ET MANUFACTURES

PREMIÈRE PARTIE

PARIS
IMPRIMERIE DES LOIS ET DÉCRETS COMMENTÉS
111, BOULEVARD SAINT-MICHEL, 111 — PARIS (V°)

1929

LA SOCIÉTÉ

A RESPONSABILITÉ LIMITÉE

LA SOCIÉTÉ

à

Responsabilité limitée

COMMENTAIRE DOCTRINAL

des lois des 7 Mars 1925, 10 Février 1926, 13 Janvier 1927 et 30 Décembre 1928

avec Revue de la Jurisprudence

PAR

J. LAFON & **P. LAFON**

ANCIEN EMPLOYÉ SUPÉRIEUR
DE L'ENREGISTREMENT,
AVOCAT À LA COUR D'APPEL DE DIJON.

INGÉNIEUR
DES ARTS ET MANUFACTURES.

PREMIÈRE PARTIE

PARIS
LIBRAIRIE DES LOIS ET DÉCRETS COMMENTÉS
147, BOULEVARD SAINT-MICHEL, 147. — PARIS (5°)
(Chèque postal : Paris c. c. BELZACQ Maurice 872.86)

1929

LA SOCIÉTÉ A RESPONSABILITÉ LIMITÉE.

(Loi du 7 Mars 1925 avec Revue de Jurisprudence)

PREMIÈRE PARTIE
CHAPITRE Ier
DÉFINITION

1. Dans le rapport, déposé au Sénat par M. Chapsal au nom de la Commission du Commerce et de l'Industrie chargée d'examiner le projet de loi, adopté par la Chambre des Députés, tendant à instituer des sociétés à responsabilité limitée, il est dit que l'article 1er du projet, devenu l'article 1er de la loi du 7 mars 1925, donne une définition de la société à responsabilité limitée :

« Il peut être formé, en dehors des sociétés anonymes, qui sont et demeurent soumises à la législation sur les sociétés anonymes, des sociétés dans lesquelles aucun des associés n'est tenu au delà de sa mise. Ces sociétés portent le titre de sociétés à responsabilité limitée et sont soumises aux dispositions suivantes. »

Mais, ce sont précisément les dispositions suivantes qui doivent compléter la définition.

Aussi, parmi les nombreuses études que le nouveau mode de société a provoquées, avons-nous tenu à recueillir, pour le mettre au seuil de ce travail, la définition du savant professeur à la Faculté de Droit de Lyon, M. P. Pic, dans la Revue des Sociétés (oct. 1925, p. 394) :

« La société à responsabilité limitée est une société commerciale, composée exclusivement d'associés, tenus jusqu'à concurrence de leur apport, pouvant exister néanmoins sous une raison sociale, dont les parts, non négociables, ne sont cessibles que sous certaines conditions, rigoureusement déterminées par la loi, et administrée par des gérants, associés ou non, dont les statuts fixent librement les pouvoirs ainsi que le mode de nomination. »

La définition serait, d'ailleurs, encore plus complète, si elle avait prévu la publicité spéciale imposée par la loi. Mais, l'expression de « société commerciale » évoque l'idée de publicité nécessaire.

CHAPITRE II
HISTORIQUE DE LA LOI DU 7 MARS 1925.

2. La loi est née de la nécessité, reconnue depuis longtemps par le monde des affaires, de concilier et de combiner les principes, qui sont à la base des deux catégories de société, seules admises par la loi française, les sociétés de personnes et les sociétés de capitaux. Et, d'autre part, le retour à la Mère Patrie de l'Alsace et de la Lorraine, chez lesquelles existaient déjà des sociétés à responsabilité limitée, devait inciter le législateur français à adopter une uniformité de législation.

Dans les sociétés, constituées *intuitu personæ*, le risque limité n'existait pas pour les dirigeants, dont l'œuvre ne pouvait pas être continuée souvent au décès par leurs héritiers, engagés dans des professions incompatibles avec le commerce, ou non habilités à commercer. L'adoption de la forme anonyme trop compliquée et onéreuse, mais restrictive du risque à des sommes précisées, enlevait à des entreprises familiales le caractère personnel, nécessaire pour la continuation et la juste rémunération d'une œuvre due à l'initiative privée.

La société à responsabilité limitée, participant de la société anonyme par la limitation du risque, et de la société de personnes par le maintien d'une affaire au patrimoine familial, pouvait seule permettre une solution de justice.

Le retour de l'Alsace et de la Lorraine, avait décidé MM. Marc Réville et Leredu, députés, à déposer, le 23 janvier 1919, un rapport tendant à la création de sociétés à responsabilité limitée, se rapprochant de celles existant en Alsace-Lorraine.

Plus tard, le 23 janvier 1920, MM. Jean Maillard et Georges Bureau, députés, firent le dépôt d'une proposition ayant un double but : l'introduction dans notre législation : 1° de la possibilité de commercer avec un risque limité, et 2° de l'association obligatoire du travail avec le capital.

Quelques semaines après, le 16 mars 1920, le Gouvernement déposait, par l'intermédiaire de MM. Isaac, ministre du Commerce et de l'Industrie, Lhopiteau, garde des Seaux, et François Marsal, ministre des Finances, un projet « tendant simplement à instituer des sociétés à responsabilité limitée ». Ce projet ne s'arrêtait pas à l'idée de l'association du travail avec le capital, excellente, à autre sens, quand l'association est facultative, mais dangereuse et tout au moins inopportune, si elle doit être obligatoire.

Le rapport de M. Manceau à la Chambre des députés est du 16 novembre 1921 ; il néglige, pour être étudiée ultérieurement, la question de l'association du travail et du capital. La Chambre a adopté ce rapport le 10 juillet 1923.

Déposé le 10 novembre 1923 au Sénat, le projet, voté par la Chambre, a été rapporté par M. Chapsal, sénateur, le 18 décembre 1924, et finalement adopté le 17 février 1925. (*J. off.* du 18 février 1925, n° 25.)

Depuis que la loi fonctionne, on a prétendu lui trouver des défauts, et il y a même eu un dépôt à la Chambre des députés d'une proposition de loi visant son abrogation. (Séance du 5 avril 1927, n° 4726.)

Nous croyons la loi actuelle excellente. Elle comporte seulement des critiques de détail. Aussi, nous ne pouvons mieux faire que reproduire la note de M. Jean Tauzin, avocat à la Cour de Paris, parue dans le *Moniteur du Commerce et de l'Industrie*, n° 11, 16 nov. 1927, p. 255.

« Bien que la société à responsabilité limitée se soit imposée depuis longtemps déjà à l'étranger et tout récemment en France depuis la loi du 7 mars 1925 par son utilité et ses avantages incontestables, quelques personnalités ont manifesté la crainte que la limite de responsabilité ne servit à couvrir la mauvaise foi de certains commerçants.

« Il est évident qu'il n'est pas d'institution, si parfaite soit-elle, qui ne puisse être utilisée en vue de fins déloyales, mais le législateur a vraiment prévu en cette matière trop de garanties de publicité pour que les intérêts des tiers ne soient pas ainsi sauvegardés.

« La question vient d'être posée, à la séance de fin d'année du 1er juillet 1927, à la Société d'études législatives.

« En effet, la Chambre des députés avait été saisie d'une proposition tendant à l'abrogation pure et simple de la loi du 7 mars 1925. La Société d'études législatives avait nommé à cet effet une Commission présidée par M. le doyen Lyon-Caen, à qui nous devons le texte si précis de la loi du 7 mars 1925.

« Hâtons-nous de dire que la Société d'études législatives s'est prononcée d'une manière formelle pour le maintien des sociétés à responsabilité limitée et s'est contentée d'envisager quelques modifications au texte actuel.

« Des indications utiles sur le fonctionnement en Alsace de ces sociétés ont été fournies par un représentant de la Chambre de Commerce de Strasbourg qui a pu dire combien nos départements recouvrés étaient parfaitement attachés à l'institution que certains parlaient déjà de supprimer ».

Si des raisons d'ordre fiscal sont mises en avant pour justifier des critiques, il est très facile au législateur d'atténuer ces critiques, en modifiant ou en augmentant les impôts.

CHAPITRE III

LÉGISLATION ÉTRANGÈRE

3. L'Alsace-Lorraine recouvrée nous a apporté les sociétés à responsabilité limitée. Cette forme heureuse de la société lui avait été imposée par l'Allemagne, qui

avait adopté la société à responsabilité limitée par la loi du 20 avril 1892, modifiée par celle du 10 mai 1897. Dans son rapport du 16 novembre 1921, M. Manceau député signalait l'influence sur l'industrie allemande de ce type d'association commerciale qu'était la Gesellschaft mit beschrankter Haftung (en abrégé la G. M. B. H.) et qui s'était merveilleusement développé ; 26.790 sociétés de cette nature, représentant un capital de 4.919 millions de marks, disait M. Manceau... 44.000, affirmait le rapporteur à la séance du Sénat du 17 février 1925, cependant qu'à la même séance M. Eccard assurait qu'à la date où il parlait plus de mille sociétés à responsabilité limitée existaient dans les départements recouvrés. L'adaptation de certaines combinaisons juridiques a permis même ce résultat singulier, souligné dans la proposition de loi de MM. Réville et Lérédu (Annexe n° 5.591, séance 23 janvier 1919) : « Comme la jurisprudence allemande admet qu'une société à responsabilité limitée continue à exister alors même que l'un des associés aurait réuni entre les mains toutes les parts sociales, un commerçant peut arriver à exploiter seul son affaire, tout en n'étant responsable que sur sa part. Il suffit qu'il constitue une société à responsabilité limitée avec une personne qui lui cède ensuite sa part » (cette personne n'étant qu'un homme de paille. Pic et Baratin. Des Soc. à R. L. n° 57.)

En Angleterre, depuis la loi de 1907, la « Private Company » s'oppose avec un succès remarquable à la « Public Company » ; grâce à cette loi, pour la « Private Company », le nombre de 7 associés n'est plus nécessaire, le dépôt du bilan annuel au bureau des sociétés à Londres n'est plus exigé ; mais, la « Private Company » ne doit pas ouvrir de souscription publique à des valeurs mobilières et la cessibilité de ses actions est restrictivement réglementée. M. le Professeur Lyon-Caen a fait ainsi ressortir la réussite de la « Private Compa-

ny » dans un exposé développé le 29 avril 1921 à l'assemblée générale de la Société d'études législatives : « Au 31 décembre 1919, pour le Royaume Uni, il y avait 58.130 compagnies privées enregistrées, et on évalue à 75.000 le nombre total des compagnies pour la Grande Bretagne. Le nombre des compagnies privées qui ont été enregistrées en 1919 est de 9.700... La loi laisse aux Compagnies publiques la faculté de se transformer en compagnies privées. En 1919, il y a eu 13.999 conversions de ce genre ».

Lors de la séance du 18 février 1925, M. Gourju, sénateur, a fait ressortir la signification du mot « Limited », caractéristique de la société à responsabilité limitée en Angleterre.

On retrouve la société à responsabilité limitée dans la plupart des États de l'Amérique, avec les caractères que lui a donnés la Grande-Bretagne.

L'Autriche a adopté, par une loi du 6 mars 1906, la société à responsabilité limitée. D'après le Traité commercial (Sociétés t. 11, n° 699, n° 1), de Thaller et Pic, la législation autrichienne est bien supérieure à la loi allemande sur ce point.

Une loi du 11 avril 1901 a réglementé la société à responsabilité limitée au Portugal.

La Russie soviétique la reconnaît.

Quant à l'Italie, la Suisse, la Belgique, elles sont près de l'introduire dans leur législation.

(Voir étude de droit comparé pour la loi allemande, la loi autrichienne, la loi anglaise, p. 24 et s. Des sociétés à Responsabilité Limitée, par Pic et Baratin.)

CHAPITRE IV

DIFFÉRENCE AVEC LES AUTRES ESPÈCES DE SOCIÉTÉS.

4. Par sa définition, nous savons que la société à responsabilité limitée participe de la société constituée *intuitu personæ* et de celle constituée *intuitu pecuniæ*. Elle est une société de caractère mixte, d'un type intermédiaire entre les sociétés de personnes et les sociétés

de capitaux, a dit le rapporteur au Sénat.

Les noms des gérants, leurs travaux, leur capacité sont pris en considération; c'est « la personne », qui va faire la valeur de la nouvelle société. Mais, le risque des associés sera limité au montant des apports; le créancier social n'aura, de ce chef, pas plus de droits que dans une société anonyme.

L'étude de la loi nouvelle fera ressortir cette dualité de principes.

Auparavant, disons les différences avec les types de sociétés, admis et maintenus par notre législation.

5, A. — La société en nom collectif donne l'impression d'une intimité particulière entre ses membres; elle est le type de l'association familiale, celui qu'adoptaient père et fils, frères, parents, pour ne pas laisser à un étranger bénéfices ou secrets. La société à responsabilité limitée a le même avantage d'intimité.

Mais, tandis que l'associé en nom collectif est tenu *in infinitum* envers les tiers, et que la faillite de la société entraîne sa faillite personnelle, le gérant d'une société à responsabilité limitée ne contracte aucune obligation personnelle relativement aux engagements de celle-ci et échappe ainsi aux conséquences de la faillite de cette dernière. (Tribun. com. Seine, 14 janvier 1927, Semaine Juridique, 1927, p. 429.) Il n'est tenu, comme les autres associés, que jusqu'à concurrence du montant de sa mise.

C'est ainsi que par arrêt de la Cour d'appel de Paris du 18 mai 1928, il a été jugé que l'associé, même gérant, d'une S. A. R. L., n'étant pas personnellement commerçant ne peut être mis en faillite. Il suit de là qu'il ne saurait être déclaré banqueroutier (Revue des Sociétés, 1928, p. 485 et note).

La question de la capacité de l'associé reste encore douteuse dans la société à responsabilité limitée; cependant, alors qu'il faut être habilité pour faire le commerce dans la société en nom collectif, il apparaît bien que la qualité d'acte d'administration soit surtout retenue pour l'appréciation de l'engagement du simple associé dans la société à responsabilité limitée. (Moniteur du Commerce et de l'Industrie, du 16 janvier 1927, p. 16).

La société en nom collectif n'a droit qu'à une raison sociale; la société à responsabilité limitée a le choix de la raison sociale ou de la dénomination par l'objet de l'entreprise.

Sur le terrain fiscal, les différences apparaissent nombreuses. Le droit de communication vis-à-vis de l'Administration de l'Enregistrement est imposé aux sociétés à responsabilité limitée par l'art. 42 de la loi du 7 mars 1925. L'est-il pour la société en nom collectif? En principe, non. Mais, l'article 32 de la loi du 31 juillet 1920 que l'Administration de l'Enregistrement, dans son instruction 3636 (R. P. 7149), interprétait dans le sens de l'obligation, à la charge des commerçants faisant un chiffre d'affaires supérieur à 50,000 fr., de *toute communication pour le contrôle de déclarations d'impôt et la recherche des omissions ou fraudes qui auraient pu être commises*, a reçu de la part des Chambres réunies de la Cour de cassation, une interprétation conforme à celle du Fisc. (9 mars 1927, Dalloz, Recueil hebd. de jurisprudence, 1927, p. 181, D. P., 1927-1-81). En ces conditions, si l'étendue du droit de communication dans les sociétés en nom collectif est restreinte dans certaines de ses conséquences, il est avéré que les sociétés faisant un certain chiffre d'affaires sont, aujourd'hui, l'objet d'un droit de regard dont on ne saurait prévoir toute la faculté d'exercice; ces sociétés sont affranchies des obligations de l'article 32 précité si elles ont été admises au régime du forfait, pour le paiement de la taxe sur le chiffre d'affaires en vertu de l'article 5 de la loi du 19 avril 1927, et à la condition que le chiffre d'affaires annuel n'excède 300,000 fr. (L. 28 mars 1927, art. 59) s'il s'agit de ventes de marchandises, ou

40.000 fr. s'il s'agit de commissions. (Revue de l'Enreg. 8575).

L'impôt sur le revenu des valeurs mobilières, (loi du 29 juin 1872), frappera les sommes distribuées aux associés non gérants dans la société à responsabilité limitée; mais si tous les associés sont gérants, il y aura exemption. Dans la société en nom collectif, cet impôt n'est jamais payé. (Loi du 1er décembre 1875).

Dans la société à responsabilité limitée, l'impôt sur les bénéfices industriels et commerciaux doit faire l'objet d'une cote unique, établie sous la dénomination de l'entreprise. L'imposition séparée des associés est autorisée dans les sociétés en nom collectif ou en commandite simple (loi du 30 juin 1923, article 11). La société à responsabilité limitée paie l'impôt B. I. C. d'après son bénéfice réel, tel qu'il se dégage des données de la comptabilité : restent imposables les sommes affectées à la réserve légale, les rétributions allouées aux gérants associés sur les bénéfices NETS de l'entreprise; les émoluments fixes et ceux proportionnels au chiffre d'affaires, avant fixation des bénéfices comptables, sont admis en déduction pour ne supporter que l'impôt sur les salaires (Voir Guide fiscal, Gain et de Jotemps, n° 707a). Au contraire, dans la société en nom collectif, l'impôt B. I. C. grève les réserves, le salaire des associés, l'intérêt des capitaux engagés (J. of. 16 février 1921, question écrite n° 6982), et dans les cas les plus nombreux les intérêts des comptes courants, qu'il est si difficile de distinguer du complément d'apport, du prêt ou du dépôt. (Loi du 31 juillet 1917 Rép. prat. de Dalloz, V° Taxes et Impôts directs, n° 893).

Le projet de budget pour 1929 portait cependant que « pour la détermination de base des impôts cédulaires dus par les sociétés à responsabilité limitée, ne sont pas considérés comme frais et charges les rémunérations allouées sous quelque forme et sous quelque dénomination que ce soit aux gérants associés » (Rép. gén. du Notariat. Actualité notariales, 1928, page 70). Cette proposition a soulevé les plus vives protestations (loc. cit., page 93).

« La Chambre a adopté dans sa séance du 10 décembre 1928, la loi de finances qui limite la faculté donnée aux sociétés à responsabilité limitée de considérer comme un salaire et une charge de l'entreprise les émoluments des gérants. Cet article est ainsi conçu :

« Pour la détermination des bases des impôts cédulaires dus par les sociétés à responsabilité limitée, les rémunérations allouées aux associés gérants et portées dans les frais et charges ne sont pas admises en déduction lorsque la majorité des parts sociales est possédée par l'ensemble des associés gérants ».

M. Chéron, ministre des finances, a exposé, qu'aux termes de l'article 24 de la loi du 7 mars 1925 sur les sociétés à responsabilité limitée, ces sociétés sont gérées par un ou plusieurs mandataires, associés ou non associés, salariés ou gratuits.

Il résulte de cette disposition que les émoluments alloués aux gérants doivent être considérés comme un salaire et déduits, à titre de charges d'exploitation de l'évaluation du bénéfice imposable de la Société, même lorsque les gérants sont des associés.

Par contre, dans les sociétés en nom collectif ou en commandite, la jurisprudence n'admet pas la déduction des appointements que les associés responsables perçoivent à titre de rémunération de leur travail personnel.

Or, la situation des associés gérants dans les sociétés à responsabilité limitée ne diffère de celle des associés en nom collectif qu'en ce que leur responsabilité, au lieu de s'étendre à tous leurs biens, est limitée au montant de leur mise. Cette particularité mise à part, ils sont, en général, les véritables maîtres de l'entreprise qu'ils gèrent; ils travaillent comme les associés en nom collectif, non pas pour le compte d'un employeur, mais pour leur propre compte. Il paraît donc peu rationnel, estime M. Chéron, d'assimiler la rétribution des gérants associés à un salaire d'employé devant figurer dans les frais généraux de la Société pour l'établissement des impôts dont celle-ci est redevable.

Cette assimilation fait perdre, annuellement, 20 millions au Trésor, de nombreuses Sociétés prenant la forme prévue par la loi de 1925, dans l'unique but de réduire leurs charges fiscales.

Le gouvernement proposait, en conséquence, de ne plus considérer, dans aucun cas, les émoluments des gérants comme salaires ; c'est sur l'opposition de la Commission des Finances de la Chambre qu'a été adopté le texte transactionnel ci-dessus, qui n'exclut des charges les émoluments des gérants que lorsque ceux-ci ont la majorité des parts sociales. » (*L'Information*).

La Société à responsablité limitée, exerçant une profession patentable, paie le droit fixe de patente sur chacun de ses établissements, et le droit proportionnel ordinaire, mais sur l'habitation des gérants, seulement lorsqu'elle sert à l'exercice de la profession. La société en nom collectif paie le droit fixe par l'associé principal, et, en principe, un autre droit fixe divisé, par les associés secondaires ; de plus, le droit proportionnel est établi sur la maison d'habitation de l'associé principal, et sur tous les locaux qui servent à la société pour l'exercice de son industrie, seraient-ils maisons des autres associés (L. 15 juillet 1880, art. 20, §§ 4 et 5 ; Tardieu, nos 1298, Patentes et 1366 ; Guide fiscal des sociétés, Gain et de Jotemps, n° 137).

La taxe des biens de mainmorte est, aux termes de l'article 2 de la loi du 31 mars 1903, due par toutes les collectivités, telles les sociétés à responsabilité limitée qui ont une existence propre, et qui subsistent indépendamment des mutations pouvant se produire dans leur personnel, à l'exception des sociétés en nom collectif et des sociétés en commandite simple. Cependant si la société à responsabilité limitée est dissoute par la mort de l'un des associés, suivant une disposition obligatoire des statuts, elle est affranchie de la taxe des biens de mainmorte. (Circulaire de la Direction générale des Contributions directes du 20 juillet 1926, n° 1466.)

Quant à l'impôt général sur le revenu, il y a, entre la société à responsabilité limitée et la société en nom collectif cette différence essentielle que l'impôt est calculé sur les réserves de la société en nom collectif et que celles de la société à responsabilité limitée y échappent complètement. (Voir arrêt du Conseil d'Etat du 5 février 1925. Réponses ministérielles, citées dans le Bulletin de l'Association nationale des notaires de France n° 1209; Etude d'André Amiaud, Des réserves dans les Sociétés de personnes. Recueil des questions fiscales, année 1925, p. 55; Revue des Impôts n° 1552.)

6. B. — Si l'on rapproche la société à responsabilité limitée de la Société en commandite simple, on doit conclure que la situation du commandité doit être appréciée vis à vis de l'associé à responsabilité limitée, comme celle de l'associé en nom collectif.

La situation du commanditaire est celle d'un simple bailleur de fonds (art. 24 du Code de commerce), qui a cependant le droit de surveillance, d'avis et de contrôle, sans que sa responsabilité soit engagée. Mais, dépasserait-il ce droit, la responsabilité pourrait jouer au delà des limites de celle incombant à l'associé en responsabilité limitée.

La taxe sur le revenu des valeurs mobilières frappe exclusivement le montant de la commandite ; et, sur ce point, la situation de l'associé non gérant dans la société à responsabilité limitée est assimilable à celle du commanditaire. Pour l'établissement de l'impôt général sur le revenu, il est, d'ailleurs, bien reconnu que les commanditaires n'ont à déclarer, à titre de part bénéficiaire, que les sommes mises effectivement à leur disposition, à l'exclusion de celles qui ont été affectées à des réserves

(J. of. 5 août 1925, Ch. Dép., p. 3496 ; Rev. Impôts, 1801, § 3 ; J. of. 15 décembre 1925, Ch. Dép., p. 4309 Rev. Impôts, 1840, § V.)

7. G. — Il nous reste à opposer la société à responsabilité limitée à la société anonyme.

Les formalités de fondation et de fonctionnement de la société anonyme comportent des complications, sinon des difficultés, qui ne se rencontrent pas dans la société à responsabilité limitée. Deux associés suffisent dans cette dernière ; un minimum de sept est nécessaire dans la première. Si l'action de la société anonyme est d'une circulation plus facile, sa facilité de transmission est une cause d'exclusion possible des fondateurs d'une affaire ; la cession de parts de la société à responsabilité limitée plus difficile maintient au patrimoine familial des exploitations, qui peut-être iraient sans la précaution légale à des bénéficiaires n'ayant pas fourni le premier effort. La société à responsabilité limitée présente pour sa gestion les mêmes avantages que la société anonyme ; seulement ses ressorts sont plus doux et plus précis, moins confus, moins cachés aux intéressés.

La dénomination de la société anonyme est réglée uniquement et impérativement par les articles 29 et 30 du Code de commerce ; la société à responsabilité limitée a à sa disposition, une alternative, ou la désignation de l'objet de l'entreprise, ou la raison sociale.

Les impôts du timbre de transmission, qui frappent l'action, ne touchent pas les parts qui existent sans titre. L'impôt sur les salaires se différencie de l'impôt sur les valeurs mobilières par l'abattement admis seulement pour le premier impôt et le tarif de 12 0/0 au lieu de 18 0/0) ; la différence est suffisamment sensible pour que l'on doit retenir que le salaire des gérants d'une société à R. L., associés ou non (les conséquences de la loi de Finances de 1929), est admis en frais généraux, et que les sommes distribuées aux associés *non gérants* sont les seules frappées de l'impôt sur le revenu des valeurs mobilières, tandis que, dans la société anonyme, seuls les salaires du directeur ou les allocations-travail de l'administrateur-délégué (L. 19 déc. 1926, art. 4) sont admis aux frais généraux et que l'impôt sur le revenu est dû sur les tantièmes payés aux administrateurs. (Voir Guide fiscal, Gain et de Jotemps, n° 36.)

L'avantage de la société à responsabilité limitée sur la société anonyme est donc manifeste.

8. La conclusion est que la société à responsabilité limitée se différencie essentiellement des autres sociétés auxquelles elle vient s'ajouter simplement.

Chacune des anciennes formes a ses avantages. La nouvelle en possède à premier examen, mais l'étude et l'application de la nouvelle loi les feront tous ressortir.

Dans le domaine de la société à responsabilité limitée, il ne saurait y avoir un rapport quelconque avec la société en participation, société occulte plutôt association de personnes, qui n'a rien à prêter ni rien à emprunter à la société à responsabilité limitée, société de grand jour, et à personnalité précisée.

La société en nom collectif aura sa place dans les situations où les bailleurs de fonds, étrangers à la société, exigeront l'engagement des forces financières de cette dernière et des associés. La société anonyme aura la préférence des spéculateurs et des habitués de la Bourse, de ceux qui veulent très grand.

Mais la société à responsabilité limitée pourra maintenir dans les familles une œuvre déjà commencée ; elle pourra intéresser les personnes qui estiment que la valeur d'un travail intellectuel de direction ou de gérance inspire autant de confiance qu'un capital-apport, quelquefois majoré, ou même qu'un capital social dont le chiffre quoique énorme n'assure pas toujours la solidité

CHAPITRE V

Constitution de la société.

§ 1er. — Sa personnalité

9. — La société à responsabilité limitée a une personnalité commerciale (Art. 3 de la loi).

Elle est un être moral, dont la naissance et la vie, indiscutable en tant que société, sont subordonnées aux conditions générales de validité des contrats, et aux conditions spéciales de validité des actes de société. On doit, dès lors, trouver à sa base les choses essentielles à la validité des conventions, à savoir le consentement, la capacité, l'objet, la cause licite, et les conditions nécessaires à l'existence du contrat de société, à savoir : mise en commun d'une chose, intention de réaliser des bénéfices par l'*affectio societatis*, participation aux bénéfices et aux pertes. (C. c. 1108, 1832, 1833.)

Comme conséquence de ce principe, on ne pourrait pas former de sociétés à responsabilité limitée entre obligataires, pour remplacer les sociétés civiles d'obligataires, ni se servir de ce type de société pour la fondation de sociétés coopératives de crédit, ne donnant aux associés que le seul avantage du prêt, de sociétés de chasse ne poursuivant que la défense de droits, puisque jurisprudentiellement le bénéfice n'y est pas prévu, le bénéfice s'entendant d'un gain pécuniaire, d'un gain matériel qui ajouterait à la fortune des associés. » (Cass. 11 mars 1914, D. P. 1914.1.257. Cass. crim., 5 janvier 1925, D. P. 1925.1.85). De même, l'exclusion de bénéfices se retrouve dans les associations qui ne poursuivent qu'un but moral, et partant ces associations ne peuvent adopter la forme de la société à responsabilité limitée.

Rappelons pour mémoire que, comme commerçante, la société R. L. tiendra les livres prescrits pour les commerçants, art. 8 et 9 du Code de commerce, qu'elle est soumise à la compétence des tribunaux de commerce, et que sa dissolution peut venir de la faillite ou de la liquidation judiciaire.

§ 2. — Forme de l'écrit constitutif

10. L'article 1834 C. c. prescrit la rédaction d'un acte pour toute société dont l'objet est d'une valeur de plus de 150 fr. (Rapp. pour les sociétés commerciales, art. 39 Code de commerce, art. 1, 21, 24, loi du 24 juillet 1867.

L'art. 4 de la loi nouvelle édicte :

« Les sociétés à responsabilité limitée sont constatées soit par acte authentique, soit par acte sous-seings privés.

Si l'acte est sous-seings privés, il en est dressé autant d'originaux qu'il est nécessaire pour que l'un reste au siège social et les autres à l'appui des diverses formalités requises.

Tous les associés doivent intervenir à l'acte, en personne ou par des mandataires justifiant d'un pouvoir spécial.

Il est interdit à la société d'émettre pour son propre compte par souscription publique des valeurs mobilières quelconques. »

La validité de la société est donc donnée à la rédaction d'un écrit.

La liberté de la forme écrite des conventions a été respectée par le législateur, qui a autorisé l'acte sous-seing privé, bien que l'acte authentique lui appartient particulièrement, qu'il ait fait campagne autrefois même en vue de pour accorder au notariat le monopole de la rédaction des sociétés à responsabilité limitée, monopole qui, en tous les cas, comportait des suppléments de frais présentait d'exceptionnelles garanties de régularité.

11. *Acte authentique*. — L'acte authentique sera dressé suivant les règles prévues par les articles 1317 et s. du Code civil, et la loi du 25 ventôse an XI.

Mais quelles sont les personnalités pour l'intervention à l'acte authentique ?

A notre avis, il est certain que l'article 4 précité s'applique, dans toutes ses parties d'ordre général, à l'acte authentique comme à l'acte s.-s. p. Donc, tous les associés devront intervenir à l'acte, soit personnellement, soit par mandataire justifiant d'un pouvoir spécial. Peu importe que la loi du 24 juillet 1867 ait prévu, pour les sociétés en commandite par actions et les sociétés anonymes, le dépôt par le gérant ou les fondateurs de la déclaration des souscriptions, avec annexe de l'acte contenant les statuts. Les règles des sociétés à responsabilité limitée se suffisent à elles-mêmes, et il n'est pas besoin de référence. Avec la précision de ces règles.

Une difficulté surgit au sujet de la procuration donnée par un associé absent et à annexer à l'acte authentique. Cette procuration doit-elle être dressée en la forme authentique ? La loi dit qu'elle doit être spéciale ; elle ne parle pas d'authenticité ; en conséquence, pourvu que la condition essentielle de spécialité, relative à la constitution de la société à responsabilité limitée, soit remplie, il ne semble pas que la procuration doive nécessairement être notariée (brevet ou expédition). Contra, Pottier, n° 18.

Bien que la liberté de la forme de la société soit absolue, il est des hypothèses où il convient d'adopter la forme notariée.

L'article 854 du C. c. établit une présomption de libéralité, et par conséquent obligation de rapport, dans les associations faites entre successibles par acte privé. Donc, pour éviter d'avoir à fournir la preuve contraire admissible, (Cass. 21 juin 1906, D. P. 1908.2.225), l'acte authentique s'impose. Toutefois, si l'association est faite avec tous les successibles, il n'est pas besoin d'observer que la stipulation d'égalité d'obligation et de droits permettrait la liberté de la forme de l'écrit.

L'article 20 de la loi du 5 juillet 1844, dispose : « Tout breveté pourra céder la totalité ou partie de la propriété de son brevet. La cession, totale ou partielle d'un brevet, soit à titre gratuit soit à titre onéreux, ne pourra être faite que par acte notarié et après le payement de la totalité de la taxe déterminée par l'article 4. (Voir art. 31 de la loi du 31 octobre 1921.) Aucune cession ne pourra être valable, à l'égard des tiers, qu'après avoir été enregistrée au secrétariat de la préfecture du département dans lequel l'acte aura été passé. L'enregistrement des cessions et de tous autres actes emportant mutation sera fait sur la production et le dépôt d'un extrait authentique de l'acte de cession ou de mutation... » La loi de 1844 ne parle que de cession, et non d'apport de brevet ; or, la doctrine, assimilant l'apport à la cession pour la dépossession du titulaire du brevet, conclut que l'acte de société constatant l'apport d'un brevet doit être dressé en la forme authentique. (Voir notamment Thaller et Pic, t. 4, n° 233, des Sociétés Commerciales). Mais, la théorie de la Cour de cassation est absolument contraire à cette thèse, et elle admet l'acte s.-s. p. pour les sociétés avec apport d'un brevet. (Rap. Cass. 24 mars 1854, S. 54, 1.374 ; Civ. cass., 24 septembre 1866, D. P. 68.5.43 ; Req. cass., 19 juin 1882, Civ., 22 mars 1898, D. P. 1903.1.398 ; Crim., 11 mars 1911, Rep. G. du notariat, n° 7296.) Cependant il existe une circonstance qui peut motiver l'acte authentique. En effet, la loi du 26 juin 1920 et le décret du 11 septembre 1920 ont prescrit et réglementé l'inscription à l'Office national de la propriété industrielle des transmissions des brevets d'invention. Or, dans les départements, la formalité de l'inscription se fait par la Préfecture, et bien que, d'après la jurisprudence de la Cour suprême, il n'y ait pas lieu, pour les actes d'apport en société, à appliquer la loi du 5 juillet 1844, et à enregistrement à la Préfecture, l'Office national refuse d'opérer l'inscription lui-même et exige cependant cet enregistrement, et la transmission de la réquisition d'inscription par la Préfecture. Donc, la prétention de l'Office national de la propriété industrielle, demandant l'exécution des dispositions de l'article 20 de la loi du 5 juillet 1844, ne va-t-elle pas ou n'ira-t-elle pas jusqu'à exiger le dépôt d'extrait authentique de l'acte d'apport ? (Rép. Gén. pr. du notariat, nº 20768.)

La loi du 1er août 1893, qui a complété celle de 1867 par un article 69 nouveau, déclare : « qu'il pourra être consenti hypothèque, au nom de toute société commerciale, en vertu des pouvoirs résultant de son acte de formation, même sous seing privé, ou des délibérations ou autorisations constatées dans les formes réglées par le dit acte,... « mais que l'acte sera passé en la forme authentique, conformément à l'article 2127 du Code civil. »

On fait, d'ailleurs, remarquer que, s'agissant d'augmentation du capital social, l'authenticité, exigée en matière de société anonyme pour la déclaration de souscription et de versement, ne saurait se produire au cas d'augmentation de capital d'une société à responsabilité limitée, puisque, au surplus, les formalités de constitution sont différentes dans les deux hypothèses (Rap. Houpin, Traité des sociétés, 5e édit., nº 732.)

12. *Acte s.-s. p.* — L'article 4 de la nouvelle loi dispose notamment :

« Si l'acte est sous seing privé, il en est dressé autant d'originaux qu'il est nécessaire pour que l'un reste déposé au siège social et les autres à l'appui des diverses formalités requises.

« Tous les associés doivent intervenir à l'acte en personne ou par des mandataires, justifiant d'un pouvoir spécial. »

Cette disposition se suffit à elle-même. Elle permet d'échapper à l'obligation de l'article 1325 qui exige que l'acte s.-s. p. soit rédigé en autant d'originaux qu'il y a de parties, ayant un intérêt distinct. La loi précise, en effet, qu'un original doit être déposé au siège social, et les autres aux divers endroits prévus pour les formalités requises. Les formalités

requises sont le dépôt au bureau qui donne la formalité de l'enregistrement (art. 14 de la loi du 29 juin 1918) ... aux greffes compétents de la justice de paix et du tribunal de commerce.

Mais nous pensons devoir conseiller de rédiger autant d'originaux qu'il existe de parties, et, à titre prévisionnel, pour le cas de création d'établissements supplémentaires ou de succursales, un certain nombre d'exemplaires, que conserverait le siège social.

En effet, quel que soit le nombre des porteurs de parts sociales, la formalité à remplir n'est ni compliquée ni coûteuse ; une simple copie, généralement imprimée, et revêtue de toutes les signatures des porteurs, donnera à ces derniers un titre, confirmant leur propriété et dictant droits et obligations.

Le droit de timbre de dimension, payé immédiatement ou par l'usage du papier fiscal, ou par la voie du timbre mobile, ou par le timbrage extraordinaire avant la signature des intéressés (art. 4, 39, du décret du 28 décembre 1926) est fixé par le décret précité art. 34 et par celui du 3 août 1926, art. 2.

Demi-feuille de petit papier : 3 fr. 60.
Feuille de petit papier : 7 fr. 20.
Une double feuille de petit papier, qui peut être remplie de façon très serrée, sans que les empreintes du timbre soient touchées, apparaît devoir être, la plupart du temps, suffisante pour la rédaction de l'acte social.

En ce qui concerne le nombre d'exemplaires pour les dépôts légaux, il convient de se référer à l'article 15 de la loi que nous étudions, et de ne pas oublier que pour l'interprétation de l'article 59 de la loi du 24 juillet 1867, dont l'article 15 est la reproduction, sauf modification sans influence sur la question, l'inobservation de la formalité prévue entraîne la nullité de la société d'après la doctrine de la Cour de cassation. (Civ. 21 novembre 1916, D. P. 1921, 1, 9.) Nous le répéterons plus loin.

À l'acte s.-s. p., les intéressés peuvent intervenir par mandataire. Mais, comme pour l'acte authentique, le pouvoir doit être *spécial*, et il est à désirer qu'il soit de date rapprochée, autant que faire se peut, de la date du pacte social.

Nous allons constater, au cours de cette étude, les éléments essentiels à insérer à l'acte de société, et, plus tard, les délais et les droits d'enregistrement seront étudiés de manière approfondie.

§ 3. — *Objet social.*

13. D'après l'article 2 de la loi, les sociétés à R. L. peuvent être constituées pour un objet quelconque.

Toutefois, les sociétés d'assurances, de capitalisation et d'épargne ne peuvent adopter cette forme. »

Quel que soit l'objet prévu par les fondateurs de la société, qu'il soit civil ou commercial, il peut donner lieu à l'application de la nouvelle forme de société.

Il serait trop long d'énumérer tous les domaines où la société à responsabilité limitée a droit d'exercice en dehors du champ commercial proprement dit. Entreprise de transport, de navigation, d'agriculture, d'opérations immobilières ; exploitation de brevets et de charge de mandataires aux halles (Req. 30 avril 1900, D. P. 1901.1.315 ; L. 11 juin 1895), à la condition de ne pas réunir plusieurs postes différents (Paris, 24 mars 1922, D. P. 1922.2.52), de courtiers de commerce ; imprimeries ; vente d'eaux minérales ; industries de toutes sortes ; enseignement ; clinique, dans des conditions d'exercice et de fonctionnement légales (Houpin, Traité des sociétés, 5ᵉ édit., nº 60, page 95, note 1), etc.

Resteront en dehors du nouveau régime, et sous leur statut légal spécial :

Les sociétés d'assurances (décret du 8 mars 1922, pour les assurances en général ; loi du 17 mars 1905, pour les assurances sur la vie ; décret du 28 février 1899, pour les assurances contre les risques des accidents du travail) ;

Les sociétés de capitalisation (lois du 19 décembre 1907 et du 13 juillet 1917) ;

Les sociétés d'épargne (loi du 3 juillet 1913).

L'exception procède de l'idée de garantie des intérêts des assurés et des épargnants, que protègent spécialement les lois qui viennent d'être rappelées.

Certains voulaient que l'interdiction de la forme de la société à responsabilité limitée s'étendît aux banques, sous le prétexte qu'il convenait de donner des garanties de sécurité nécessaires aux personnes non versées dans les combinaisons financières. Heureusement, cette proposition n'a pas été acceptée. Les petites affaires provinciales en auraient seules pâti, sans que le crédit à accorder au commerce moyen en eût été augmenté, et sans qu'il eût été rien ajouté au prestige de la finance.

Il convient de noter que l'exception prononcée n'a pas eu pour résultat de rendre valides, sous la forme de la société à R. L., les opérations jusqu'ici prohibées par la loi d'ordre général ou la loi particulière.

Ainsi, seraient illicites, au premier chef, les sociétés constituées pour l'exploitation d'un office ministériel, pour la contrebande, pour la traite des nègres, pour les spéculations illicites et les opérations de jeu, pour la fabrication et la vente de remèdes secrets (Rap. Paris, 30 mars 1926, D. P. 1926.2.99), pour l'exploitation d'un cabinet de médecin, d'avocat, d'une officine de pharmacien (voir Dalloz, Rép. pr. médecine, pharmacie avec non diplômé, 106, 107), etc. (Houpin, loc. cit. nº 60 ; Vétérinaires, Detrénois 20705 ; Trib. Marseille, 24 octobre 1925 ; dentistes, Thaller et Pic, 133).

Un doute a surgi au sujet de la charge d'un agent de change. Mais les article 75 et 85 du Code de commerce n'ont pas été modifiés par la loi nouvelle. La société *sui generis*, qui peut exister entre un agent et ses bailleurs de fonds, continuera de fonctionner, suivant les circonstances, sans pouvoir emprunter la forme de la société à responsabilité limitée.

Les sociétés coopératives ouvrières de

production et les sociétés coopératives ouvrières de crédit qui sont bénéficiaires de certains avantages fiscaux (loi du 27 février 1927, art. 40), sont constituées sous la forme soit de société de commandite par actions, soit de société anonyme, soit de société à capital variable (art. 28 de la loi précitée). Elles ne peuvent donc pas bénéficier de la nouvelle forme de société, puisque leur charte ne la vise pas.

§ 4. — *Dénomination*

14. L'article 11 de la loi dispose que « la S. R. L. est, soit qualifiée par la désignation de l'objet de son entreprise, soit désignée sous une raison sociale comprenant les noms de un ou de plusieurs associés ».

Les fondateurs ont, en conséquence, le choix d'une alternative : ou adoption de la désignation prévue par l'article 30 du Code de commerce (sociétés anonymes) dénomination consacrée par l'objet de l'entreprise, ou adoption d'une raison sociale, dans le sens de l'article 20 du même Code, comme dans les société en nom collectif.

On a fait remarquer que la société à responsabilité limitée désignée par les noms des associés est de nature à induire en erreur des tiers, qui peuvent conclure des noms de la raison sociale à une complète responsabilité. L'objection est sans valeur, non qu'il faille croire à la protection absolue des intérêts particuliers par notre organisation de procédure, mais parce que chacun est prévenu qu'il doit s'assurer de l'étendue des responsabilités de ceux avec lesquels il contracte, et aussi parce qu'en fait la loi nouvelle provoque la vigilance. L'article 14 exige que l'extrait de l'acte à publier précise que la société est à responsabilité limitée ; et l'article 18 a organisé, suivant l'heureuse expression de M. Pic, une publicité permanente, qui ne doit pas se réduire à de simples initiales, S. A. R. L., mais qui doit faire ressortir en toutes lettre la qualité de la société,

« Société à responsabilité limitée » dans tous les documents.

La désignation de l'objet de l'entreprise peut-il se présenter avec un nom de fantaisie, et la jurisprudence accordera-t-elle aux sociétés à responsabilité limitée les facilités que se sont octroyées les sociétés anonymes dans l'observation de l'article 36 du Code de commerce ? Nous posons simplement la question, en recommandant la prudence la plus grande et le respect du texte de la loi sur lequel ne s'est pas encore exercée la sagacité des tribunaux.

Quand, au contraire, l'option se fait pour la raison sociale, il faut adopter le nom d'un ou de plusieurs associés. Si tous les noms ne sont pas rappelés, l'abréviation « et Cie » après le ou les noms retenus avertira qu'il existe d'autres associés.

Les gérants non-associés ne peuvent pas figurer dans la raison sociale, pas plus d'ailleurs que des personnes étrangères à la société.

Quand l'associé, qui a donné son nom à la société, vient à disparaître, la raison sociale est modifiée, et les modifications doivent être légalement effectuées.

Au cours de la société, la dénomination de la société peut être changée ; mais, alors cette circonstance comporte les formalités de modification.

§ 5. — *Siège social et durée*

15. *Siège social.* Dès lors que la société à R. L. a une personnalité distincte de celle de ses fondateurs et de ses membres, elle doit avoir son domicile.

L'article 14 lui fait obligation de désigner un siège social, puisque la publication doit viser ce siège. Il se pourrait qu'un oubli n'ait fait donner que les seuls domiciles des associés. L'irrégularité serait très grave, et équivaudrait à notre sens, au défaut de publicité, avec toutes ses conséquences.

Le domicile est-il réellement le siège social ? La question du siège social ou du siège d'exploitation comme domicile a comporté en doctrine et en jurisprudence des interprétations différentes, jusqu'à ce que la Cour de cassation ait opté pour le siège social, domicile, (Cass, 20 mars 1898, S. 1901.1.70, Dalloz P. 1899.1.593, J. S. 1898, p. 308).

La nature des succursales se précise par les relations d'affaires avec la maison mère. On peut souligner dans les prescriptions relatives à la publicité, la différence de texte, entre l'art. 59 de la loi du 24 juillet 1867, qui emploie l'expression « maisons de commerce » et l'article 15 de la loi nouvelle, l'expression « établissements ou succursales », il n'y a en jeu qu'une différence de mots, et il existe similitude de principes.

16. *Durée.* — Les statuts peuvent-ils prévoir la durée limitée, aussi bien que la durée illimitée ?

L'article 14 dispose que l'extrait à publier doit indiquer « l'époque où la société commence et celle où elle doit finir ». Or, en rapprochant cet article de l'article 37 de la loi du 24 juillet 1867, la similitude de texte nous engagerait à adopter la même solution dans les deux hypothèses, société anonyme et société à R. L. Cependant, en matière de société anonyme, on paraît d'accord pour reconnaître que les associés ne peuvent demander à leur gré la dissolution de société à durée illimitée quand leurs titres sont cessibles. (Voir la note sous l'arrêt de Douai, 2 août 1906, D. P. 1908.2.241). Si pour les sociétés à responsabilité limitée, la cession reste impossible, l'annulation pourrait être, en ces conditions, demandée par les associés. Quant aux tiers, il n'y aurait pour eux possibibilité de demander la dissolution que dans le cas où leurs intérêts seraient lésés. (Voir Houpin, Traité Général des sociétés, 5e édit., n°s 216, 880 ; Pic et Baralin, n°s 150, 398 ; Pic, 553, Gain, 97 ; Rap. art. 1844 et 1869 C. c.)

Au surplus, la thèse de la nullité a aussi ses partisans ; et quoique les con-séquences d'une nullité ou d'une dissolution ne se trouvent pas les mêmes, elles sont toujours désagréables ; donc il importe que cette situation préoccupe les fondateurs de sociétés à R. L. et que ces derniers se conforment simplement aux prescriptions de l'article 14.

Sur la durée à déterminer, il apparaît que les parties sont libres de la fixer à leur convenance. S'agissant d'affaires, dont la vie humaine d'un des contractants n'est pas susceptible d'arrêter le cours, la durée de 99 ans peut être adoptée.

Elle doit l'être d'autant plus facilement que les prorogations de sociétés comportent des frais fiscaux et autres, particulièrement onéreux, dont les sociétés prospères se soucient fort peu, mais dont l'économie est l'indice d'une bonne gestion. Nous conseillons en conséquence, sans réserves, les sociétés à longue durée.

Un homme d'affaires avisé a cru bon d'adopter dans un acte de société, une stipulation de durée décennale, avec prorogation par périodes nouvelles décennales, si les intéressés ne manifestent pas une intention contraire de dissolution dans des conditions de forme déterminées. Y a-t-il là une stipulation d'une durée illimitée, au cas où la stipulation de continuation n'est pas limitée dans une période fixe (80 ans ou 99 ans par exemple) ? Mais serait-elle enclose dans une durée précise, il semble difficile de soutenir qu'il y a durée illimitée ou indéterminée et non pas durée limitée. (Sur la continuation d'un bail d'année en année à défaut de congé, consulter Jugement Nevers, 22 octobre 1908, Rev. Enreg. 5131).

§ 6. — *Nombre et capacité des associés*

17. *Nombre.* — L'art. 5 de la loi dit que le nombre des associés n'est pas limité et qu'il peut être de deux seulement.

Cet article est à rapprocher des articles 26 et 32, qui édictent des dispositions spéciales pour les sociétés de plus de 20 membres.

Il paraît inutile de rappeler les discussions qui ont surgi au sujet de la limitation que l'on voulait imposer au nombre des associés ; on voyait des dangers dans la liberté de ce nombre, tandis qu'en fait la restriction pouvait éloigner les représentants héritiers d'un associé, suivant la remarque d'un auteur. (Les sociétés à R. L., Pottier, n° 9.)

Nous ne retiendrons de l'examen de cette question que l'obligation, déjà examinée pour les fondateurs de la société à responsabilité limitée, de signer le pacte social, dont ils assument toutes les obligations de validité. D'autre part, réduite à un seul membre, la société à responsabilité limitée disparaît.

18. *Capacité.* — Il convient de préciser quelle doit être la capacité des associés au moment de la fondation de la société :

La loi spéciale n'a prévu la capacité des associés qu'en cours de société, en reconnaissant, par son article 36, que « la société n'est point dissoute par l'interdiction, la faillite, la déconfiture ou la mort d'un des associés, sauf en ce dernier cas stipulation contraire des statuts. »

Quelle doit être la capacité des associés au moment de la fondation de la société ?

Cette capacité peut être envisagée vis-à-vis de la personnalité de l'individu, ou vis-à-vis de la fonction dont il est revêtu dans la cité.

19. Il est un point hors de doute, c'est que, si la société à R. L. est commerciale, les associés ne sont pas, *ipso facto*, dans la situation de commerçants. Dès lors, il y a, pour l'apport d'argent, acte d'administration, et non pas acte de commerce, acte d'obligation. D'où cette conclusion que la capacité de l'associé sera examinée d'après la nature de l'acte accompli, et les engagements pris.

Le mineur non émancipé, l'interdit, l'aliéné, ne peuvent participer à une souscription de parts dans la société à R. L. (Voir notamment : Moniteur du Commerce et de l'Industrie, page 127, 15 mai 1926 ; Pottier, loc. cit. page 41 ; Defrénois, Traité formulaire, 40). Cependant, leur tuteur ou leur administrateur auraient le droit d'affecter les fonds disponibles à une société à R. L., sous la condition, s'agissant d'un mineur, d'observer la loi du 27 février 1880 (Pic et Baratin, loc. cit. n°° 133, 135 ; Rap Houpin, loc. cit. n°° 12, 13, 14.)

Pour le mineur émancipé, la distinction s'impose du placement des revenus ou du placement des capitaux. Un apport immobilier, un apport de meubles corporels, et, par prudence celui des meubles incorporels ne peuvent s'effectuer qu'en vertu d'une autorisation du conseil de famille homologuée par le tribunal (art. 6 du Code de commerce).

Si la jurisprudence prononce la nullité de la société entre époux, l'intervention du mari et de la femme dans une société R. L., comprenant des tiers est valable, à condition d'un intérêt unique et de la subordination de la personnalité de la femme à celle du mari. Le Répertoire du Notariat et de l'Enregistrement, de Defrénois, art. 21046, résume les motifs de la nullité de la société entre époux dans la dérogation à l'immutabilité du contrat de mariage et dans l'atteinte à la puissance maritale ; il en conclut que, même sous le régime de la séparation de biens, la femme et le mari ne peuvent intervenir dans une société à R. L., avec leurs intérêts particuliers ; en effet, la femme a l'administration des biens qui lui appartiennent, et ses intérêts sont distincts de ceux du mari, auquel il est interdit, dès lors, de concourir avec elle à la société. Le Répertoire donne le conseil 1° de bien préciser la subordination des droits de la femme à ceux du mari, dont l'autorité doit rester sans contrôle de la part de sa femme ; et 2°, pour le notaire, d'obtenir une décharge de responsabilité. Dans la Revue des Sociétés, avril 1927, p. 129, M. Auger admet une société où la femme gérante, exerçant commerce séparé, emprunterait des capitaux à son mari.

20. Mais, il existe des situations, des fonctions, qui s'opposent à l'habilitation de certaines personnes à participer à une société ; la conséquence de la violation du principe d'incompatibilité n'entraînera pas la nullité de la société, comme l'incapacité. Cependant, a-t-il paru prudent de signaler les cas possibles d'incompatibilité.

Sans s'arrêter au point de savoir si une commune a le pouvoir de se lier par un pacte social, on sait que les officiers ministériels, les avocats, les fonctionnaires, les militaires ne peuvent faire acte de commerce, et que la société en nom collectif, la position de commandité leur sont interdites ; de même l'occupation de la charge d'administrateur, de directeur dans la société anonyme ne leur est pas permise. En est-il de même pour la société à responsabilité limitée ? On ne saisirait pas qu'il en fût ainsi pour la simple possession de parts sociales. Et cependant, la question reste douteuse, à s'en tenir à une réponse du Ministre de la Justice (J. O., 18 décembre 1926), ainsi reproduite dans Defrénois, n° 21334, § 2 : « Le Ministre de la justice estime, sous réserve de décision de jurisprudence, que, la société à responsabilité limitée se rapprochant de la société en nom collectif, un notaire ne peut en être membre. La loi du 17 juillet 1925 paraît devoir faire appliquer cette opinion en Alsace-Lorraine ».

Dans une réponse à M. Guttoli, sénateur, le même ministre, après avoir rappelé qu'il est interdit aux fonctionnaires de participer à l'administration d'aucune société à but commercial ou financier (Circ. de la Chancellerie du 1er septembre 1921), déclare que cette interdiction s'applique au premier chef aux magistrats, qui ne peuvent, soit comme associés, soit à plus forte raison comme gérants, prendre une part active dans l'administration de la société à responsabilité limitée (J. O., 15 décembre 1926).

21. Le changement dans la capacité des associés au cours de la société à responsabilité limitée a-t-il pour résultat de modifier la vie sociale ?

La référence à l'article 36 de la loi précise des circonstances déterminées, qui n'ont aucune influence sur la marche et la vie de la société. L'interdiction, la faillite ou la déconfiture d'un associé sont circonstances qui ne provoquent pas la dissolution de la société ; la loi interdit d'adopter une clause qui prévoirait l'effet de dissolution par ces événements. La mort elle-même n'entraîne pas la fin de la société, mais elle peut être l'objet d'une clause stipulant, par son arrivée, la dissolution de la société. Pourquoi cette différence ? Pourquoi imposer une continuité de relations sociales à gens, dont certains sont devenus incapables ? (Chapsal, Sénat, année 1924, n° 712, p. 33). Il est bien entendu que, quoique la société persiste, les fonctions de gérant occupées par l'interdit, le failli, ... cessent immédiatement après la restriction de capacité.

La dation d'un conseil judiciaire n'entraînera pas dissolution.

Mais, si un fait, autre que ceux prévus par la loi, se produit, qui diminue la capacité du contractant, il provoquera l'effet qu'aurait motivé la diminution de capacité, au moment de la conclusion du pacte social. Ainsi, un auteur remarque que, lorsqu'une femme épousera son coassocié, et puisque la société est interdite entre époux, la société préexistante entre eux se trouvera dissoute de plein droit (Gain, loc. cit., n° 98).

De même, pour la gérance, qui comporte une qualité personnelle, la clause de reprise de parts, obligatoire même pour les héritiers mineurs, ne s'appliquera pas à la fonction de gérant (Houpin, loc. cit., n° 175, p. 217 et références).

Encore, la clause de remboursement, faisant tomber le capital social au-dessous de la limite permise, enlève aux associés restants le droit de poursuivre le but social.

§ 7. — *Capital social*

a) Montant

22. D'après l'article 6 de la loi, « *le capital social doit être de 25.000 fr. au moins; il ne peut être réduit au-dessous de ce chiffre. Il se divise en parts sociales de 100 fr. ou de multiples de 100 fr.* ».

Le capital social est le chiffre représentatif des apports en nature et en espèces des associés; ce chiffre ne peut être modifié sans une décision d'augmentation ou de réduction, tandis que la fortune sociale, c'est-à-dire la valeur du patrimoine de la société, constitué d'abord avec les valeurs du capital social, suit l'influence des circonstances économiques et des résultats de l'exploitation.

La limitation du capital social à un minimum de 25.000 fr. a été prévue par la loi, tandis qu'il n'a pas été fixé de maximum.

Mais la réduction est-elle susceptible de provoquer la dissolution de la société, quand elle fait tomber le capital au-dessous de 25.000 fr. ? La réponse est affirmative si la réduction résulte de la volonté des contractants, ou du jeu d'une clause de remboursement prévue à l'acte. Cependant, quelle sera la solution au cas où la réduction au-dessous de 25.000 fr. affecterait la valeur du capital, à la suite de conditions économiques, ou même d'opérations sociales ? Pour notre part, nous croyons que, si les statuts ne prévoient pas la dissolution, et tant que la société ne sera pas déficitaire, elle doit continuer son existence, même le désaccord existant entre les associés à cet égard. (*Contra* : Pic et Baratin, Des Sociétés à R. L., n° 392, *in fine*).

b) Nature

23. La nature de ce capital est d'être un capital bénévolement apporté, mais non sollicité.

L'article 4, § 4, de la loi énonce : « Il est interdit à la société d'émettre pour son propre compte, par souscription publique des valeurs mobilières quelconques ».

Voici une réponse ministérielle, qui précise la doctrine en la matière :

« Cette question se réfère à deux cas tout à fait distincts. Premier cas : l'article 4, § 4, de la loi du 7 mars 1925 sur les sociétés à responsabilité limitée interdit à toute société de cette nature d'émettre pour son propre compte par souscription publique des valeurs mobilières quelconques. Cette interdiction, lit-on dans les travaux préparatoires de la loi, est un des traits essentiels de la nouvelle société : on n'a pas voulu qu'elle fasse appel au public, et cette interdiction est sanctionnée par le 3° § de l'article 37 de la loi qui dispose que les gérants qui, directement ou par personne interposée, ont ouvert une souscription publique à des valeurs mobilières quelconques pour le compte de la société, seront punis des peines prévues audit article. L'interdiction s'applique à la société seule et non aux associés : ils peuvent comme toute personne ouvrir une souscription publique à des valeurs mobilières. Un individu peut donc, sans violer l'interdiction de la loi, faire, pour son compte personnel, appel au public, en vue de libérer les parts qui lui sont attribuées dans une société à responsabilité limitée. Cet appel peut être fait par le gérant d'une association commerciale en participation agissant en son nom personnel comme s'il le faisait pour lui seul. Mais, pour ne pas courir le risque de faire considérer cette société comme nulle, il doit éviter tout ce qui pourrait, dans les annonces, faire allusion à son existence : la société en participation a pour caractère essentiel de ne pas se révéler aux tiers (art. 49 Code de com-

Deuxième cas : Il apparaît bien qu'il s'agit de faire un appel au public pour la souscription de parts d'une société à responsabilité limitée, car on n'aperçoit pas dans quel but on annoncerait dans les journaux qu'une société à responsabilité limitée se constitue si ce n'est pour provoquer des souscriptions. Par suite, l'avis donné au public qu'une personne procède à la formation d'une société à responsabilité limitée semble bien constituer une violation de l'interdiction prononcée par l'art. 4, § 4, du 7 mars 1925. Il appartient d'ailleurs exclusivement aux tribunaux compétents d'apprécier les espèces de cette nature qui pourraient leur être soumises. (Réponse minist., *J. off.*, 12 août 1926, Députés, N° 8271.) »

Nous étudierons dans un paragraphe ultérieur, les sanctions correctionnelles, pénales et civiles qui s'attachent à la faute de la souscription publique (art. 37, et 40 de la loi).

c) *Fixité et variabilité*

24. C'est ici le lieu d'interpréter l'article 40.

Il peut être stipulé dans les statuts des sociétés à responsabilité limitée que le capital social sera susceptible d'augmentation par des versements successifs faits par les associés ou l'admission d'associés nouveaux et de diminution par la reprise totale ou partielle des apports effectués.

« Les sociétés, dont les statuts renferment la stipulation ci-dessus sont soumises, indépendamment des règles contenues dans la présente loi, aux dispositions de la loi du 24 juillet 1867, relatives aux sociétés à capital variable (art. 48 à 54). »

Ainsi que l'expliquait au Sénat M. Chapsal, cet article vise la clause de variabilité de capital à insérer au pacte social, mais non la possibilité d'augmentation du capital, qui se réalisera en se conformant à la loi ordinaire.

Cependant, il convient d'observer que l'adoption de la clause à capital variable ne pourra en rien modifier les règles du nouveau mode de société : les articles 48 à 54 de la loi du 24 juillet 1867 ne s'appliqueront que dans celles de leurs dispositions, non contraires au nouveau.

Ainsi, le capital de la société à responsabilité limitée, à capital variable, ne pourra jamais descendre au-dessous de 25.000 francs ; la part, dont le taux sera de 100 fr. ou d'un multiple de 100 fr., devra être entièrement libérée, avant la fondation de la société, et ne pourra pas être représentée par un titre négociable (art. 6, 7, 21 de la loi de 1925). D'autre part, l'admission de souscripteurs étrangers, au cas d'augmentation dans la limite maximum de 200.000 fr. (art. 49 de la loi du 24 juillet 1867), ne peut se produire que dans les conditions prévues par l'article 22 de la loi de 1925, de la majorité des associés représentant au moins les trois quarts du capital social.

Les sociétés à responsabilité limitée à capital variable ne peuvent porter, dans leurs statuts, leur capital à un chiffre supérieur à 200.000 francs.

25. Deux questions se posent, l'une relative à la retraite ou à l'exclusion d'associés, l'autre relative à la publicité.

Sur le premier point, le droit de retraite est absolu et n'a pas à être prévu, tandis que le droit d'exclusion doit être formellement stipulé aux statuts. L'exercice du droit de retraite est, d'ailleurs, susceptible de réglementation ; le droit d'exclusion est exercé seulement par une majorité fixée pour la modification des statuts. Les deux facultés de retraite et d'exclusion cessent de s'exercer, quand le minimum prévu par la loi (25.000 fr.) ou par le pacte social (somme supérieure à ce chiffre), se trouve atteint. Toutefois, d'après Houpin, pour les sociétés ordinaires à capital variable, « même dans ce cas, la société usera légitimement du droit d'exclusion si elle trouve un tiers, qui accepte d'être substitué à l'associé à exclure et de le désintéresser, ou si les

autres associés consentent à le désintéresser eux-mêmes, au moyen d'une coti-
sation ». (Traité des Sociétés, 5ᵉ édit.,
n° 1483). En respectant les dispositions
spéciales de la loi de 1925, il en sera de
même pour les sociétés à responsabilité
limitée.

26. Sur le second point, concernant la publicité pour les sociétés à responsabilité limitée à capital variable,
nous savons que l'article 62 de la loi du
24 juillet 1867 dispose : « ne sont pas
assujettis aux formalités de dépôt et de
publication les actes constatant les
augmentations ou les diminutions du
capital social opérées dans les termes
de l'article 48, ou les retraites d'associés,
autres que les gérants ou administrateurs, qui auraient lieu conformément
à l'article 52. », alors que l'article 61
prescrit la publicité des augmentations
de capital (art. 49 de la loi de 1867).

À cet article s'oppose l'article 17 de la
nouvelle loi : « Sont soumis aux formalités
et aux sanctions prescrites par les articles 12 et 13 tous actes et délibérations
ayant pour objet la modification des
statuts et tout changement d'associé ».

Il semble que, l'article 62 étant
comme le complément des articles 48 et
52 de la loi de 1867, la référence de
l'article 40 de la loi de 1925 aux articles
48 à 54 de la loi de 1867 précise la por-
tée des obligations des associés. Ces
derniers devront publier toutes les délibérations, modifiant le capital social, et
toutes les décisions relatives aux gérants
(Rapp. Pic et Baratin, n° 377).

§ 8 — Parts.

a) Taux.

27. Art. 6, § 2. — « Le capital se
divise en parts sociales de 100 fr. ou de
multiples de 100 fr. »

Art. 7. — « Les sociétés à responsabilité limitée ne peuvent être définitivement constituées qu'après que toutes
les parts ont été réparties entre les associés dans l'acte de société et qu'elles
ont été libérées intégralement ».

« Les parts sociales correspondant en
tout ou en partie à des apports en
nature doivent toujours être entièrement libérées au moment de la constitution de la société.

« Les fondateurs doivent déclarer
expressément dans l'acte de société que
ces conditions sont remplies ».

Art. 8. — « L'acte de société doit contenir l'évaluation des apports en nature.
Les associés sont solidairement responsables vis-à-vis des tiers de la valeur
attribuée au moment de la constitution
de la société aux apports en nature... »

Art. 21. — « Les parts sociales ne peuvent être représentées par des titres
négociables, nominatifs, au porteur ou
à ordre ; elles ne peuvent être cédées
que conformément aux dispositions des
articles ci-après ».

Art. 22. — « Les parts sociales ne
peuvent être cédées à des tiers étrangers à la société qu'avec le consentement de la majorité des associés représentant au moins les trois quarts du
capital social... »

Art. 23. — « Les cessions de parts
sociales doivent être constatées par un
acte notarié ou sous-seings privés.

« Elles ne sont opposables à la Société
et aux tiers qu'après qu'elles ont été
signifiées à la société, ou acceptées par
elle dans un acte notarié, conformément
à l'article 1690 du Code civil.

Art. 31. — « ... Dans aucun cas, la majorité ne peut obliger un des associés à
augmenter sa part sociale. »

28. Le minimum de la part est de
100 fr. Si elle est supérieure à cette
somme, la part devra être d'un multiple de 100 fr. Contrairement à une opinion professée, le texte n'impose pas la
valeur nominale égale des parts sociales,
comme pour les sociétés par actions
(art. 34, C. com.) Mais il résulte bien
de l'art. 28 de la loi de 1925, qui veut
un nombre de voix égal au nombre de
parts sociales, et des intentions du

litateur adoptant le chiffre 100 pour la majorité des votes que l'égalité nominale est seule acceptable (Traité formulaire Defrénois, n° 59).

La société ne peut être définitivement constituée qu'après la libération intégrale et la répartition des parts dans l'acte de société, et bien entendu, nous l'avons déjà vu, sans appel au public.

La part peut appartenir à une personne pour la nue propriété et à une autre pour l'usufruit. Les droits de l'usufruitier s'apprécient au point de vue de l'administration, sans pouvoir rien faire qui puisse toucher à l'intégralité de la part. On croit devoir signaler les conséquences fiscales qui s'attachent à une constitution d'usufruit et d'une propriété reposant sur la tête d'un héritier présomptif, donataire, légataire, ou de personnes interposées (art. 45, loi du 13 juillet 1925, J. O. 14 juillet 1925).

29. Comme dans toutes les sociétés, le capital peut être fourni en argent ou en nature. Dans les deux cas, la libération des parts doit être complète, absolue, pour que le capital, seule garantie des tiers, soit présenté à ces derniers dans son intégralité.

Sur les apports en numéraire, il ne fait pas doute qu'ils doivent être fournis en espèces ou au moyen de virements de comptes en banque. On remarquera que, s'agissant de bons du Trésor, d'effets de commerce, de valeurs de bourse, même d'réalisation immédiate, etc., on ne peut parler que d'apports en nature, dont la rémunération s'effectue de manière équivalente à celle des apports en numéraire. Le paragraphe 2 de l'article 7 apparaît comme une répétition du premier, à moins qu'on ne veuille considérer le premier comme se référant aux apports en argent.

Dans les deux cas, la règle est la même, il faut la répartition et la libération complètes, la répartition étant entendue dans le sens de l'indication des parts attribuées à chacun des apporteurs. Et cette règle est de telle importance que les fondateurs sont obligés par le dernier paragraphe de l'article 7 à une déclaration de régularité à cet égard, sous peine de nullité de la société (art. 9. Voir rapport de M. Chapsal).

b) Libération

30. Mais que faut-il entendre par libération d'un apport en nature ? L'article 8 dit bien que l'acte de société doit contenir l'évaluation des apports en nature, et que les associés sont solidairement responsables, pendant 10 ans, vis-à-vis des tiers, de l'exactitude de cette évaluation, sans compter l'application possible des sanctions correctionnelles de l'art. 38. Cependant, pour éviter tout soupçon de fraude, comment l'apporteur fera-t-il son évaluation. Et, d'autre part, ce premier point éclairci, quels sont les objets qu'il pourra apporter ?

Sur l'évaluation, on ne pouvait guère songer aux obligations de l'article 1 de la loi du 14 juillet 1867. Ces obligations apparaissent à beaucoup quelque peu surannées et d'une efficacité douteuse. Fallait-il, ainsi que le demandait la Chambre de commerce de Strasbourg, avoir recours à des « réviseurs », nommés par les Chambres de commerce, et avec les pouvoirs prévus par le Code de commerce allemand, en matière de sociétés anonymes ? Le législateur français a préféré trouver les garanties dues aux tiers et aux associés eux-mêmes dans une responsabilité de la sincérité de la valeur des apports par la voie d'une solidarité, imposée à tous les participants de la société à responsabilité limitée.

31. Pour notre part, nous conseillons une évaluation des apports, aussi détaillée que possible, tant pour arriver à une plus rigoureuse appréciation que pour avoir une arme vis-à-vis du fisc en certaines circonstances (attribution en fin de société d'apports à d'autres qu'aux apporteurs). Donc, les efforts des fonda-

teurs de la société doivent tendre à éviter toute majoration dans les apports ; et on ne saurait trop leur conseiller d'avoir recours à des experts compétents, dont le travail serait utilement annexé au pacte social ou déposé dans un endroit sûr.

32. Examinons maintenant les objets que l'on retrouve le plus souvent parmi les apports sociaux. Houpin (loc. cit.), n° 556, donne une énumération, dont nous ne verrons que quelques éléments. Il existe des choses présentes, actuelles, susceptibles de persistance et de prestations annuelles, et des choses qui n'auront une valeur qu'*in futurum*.

33. *Des choses présentes.* — L'apport d'un immeuble se fera avec l'indication de toutes les charges et de toutes les conditions, de façon à bien préciser la valeur de l'immeuble. Les immeubles par destination, dont la disparition ou l'usure peuvent diminuer plus tard l'évaluation, y seront soigneusement détaillés. (Sur les déclarations que comporte cet apport, voir Defrénois, Traité formulaire des société à responsabilité limitée, n° 41. Sur l'utilité de la transcription des apports au bureau des hypothèques, Seine 18 février 1896, Rép. Pér. de l'Enregistrement, n° 2133 et Semur 5 av. 1898, R. P. 9366).

34. Les fonds de commerce comportent, plus que les autres objets, un détail précis. L'estimation en sera, au surplus, plus exacte. Mais, l'entité d'un fonds ne va pas sans un passif courant. Un peu plus loin, nous nous occuperons de l'existence de dettes. Jusqu'ici, nous ne suivons que l'hypothèse de valeurs, nettes de tout passif. Les éléments d'un fonds de commerce proprement dit comprennent l'achalandage, le droit au bail, le matériel d'exploitation ; mais à ces éléments peuvent s'agréger des objets, qui s'y rattachent intimement au fonds lui-même, ou n'en sont qu'un accessoire d'occasion ; tels sont les brevets d'inven-

tion, dessins et modèles, marques de fabrique, immeubles par destination, créances, marchés en cours. Il sera toujours opportun d'en surveiller l'exacte estimation. Quant à la publicité, différente suivant qu'il s'agit d'un apport de fonds à la société déjà formée ou à la société en formation, on ne peut que renvoyer au texte de la loi du 1er mars 1909, (art. 3 et 7) et à la note de M. Chéron sous l'arrêt de Cassation, Ch. Civ. du 26 mai 1914, D. P. 1919 1. 93).

35. L'apport d'un navire motivera les diverses formalités prévues par les lois du 27 vendémiaire an II, art. 18 ; 23 novembre 1897 ; 5 juillet 1917, décret 3 avril 1919.

36. Les concessions de mines, les concessions d'énergie hydraulique, les concessions administratives, les concessions coloniales comportent des règles spéciales. Rien ne semble s'opposer à leur exploitation par la société à responsabilité limitée. Mais, ici, la plus grande prudence est de rigueur pour les évaluations, surtout quand on sait qu'il est interdit notamment à l'apporteur d'une concession administrative ou coloniale « de stipuler un prix quelconque, représentant la valeur marchande de la concession obtenue » (Dalloz, Rép. Prat., V° Société, n° 49).

37. Travaux, études, démarches, frais et débours, effectués en vue de former la société. — Arthuys (Traité des Sociétés Commerciales, n° 345) déclare formellement qu'ils ne peuvent être l'objet d'un apport en nature, et dès lors susceptibles d'être payés en actions de capital en matière de société anonyme. Il apparaît que cette opinion doit être modifiée quand les travaux en question sont le complément d'un apport en nature ; Thaller et Pic (des Sociétés Commerciales, n° 921, § 1), disent, en effet, qu'ils ne constituent pas, tout au moins si on les envisage *isolément*, des biens ceptibles d'évaluation directe, non susceptibles de prendre dans les inventaires sociaux ; bien la thèse de Houpin (loc. cit. et les références, page 655, note 6). Nous recommandons la plus grande prudence, bien que les travaux réalisés, non immédiatement productifs semblent cependant avoir un certain prix ; affectés à un autre but que celui-ci, pour lequel ils ont été créés, ils ne seraient susceptibles que d'une estimation très relative et, de ce chef, on peut conclure que leur valeur n'est pas ferme, mais qu'elle n'est que de circonstance.

38. *Des choses futures.* — L'état d'incertitude qui affecte l'existence de cette nature de choses, ne permet pas l'évaluation rigoureuse demandée par le législateur de 1925. Cependant, il est des objets dont la valeur litigale se matérialisera nécessairement plus tard de manière effective, ou qui se renouvelant ou se continuant par des prestations successives, n'en sont pas moins appréciables dès la fondation de la société.

39. *Bail. Cession de bail.* — C'est, surtout, en matière de bail que se présente la difficulté d'une évaluation. L'apport du bénéfice d'un bail, quoique visant un usage futur, a une réalité tangible. Il est susceptible d'une estimation. Mais quelle sera cette estimation ? Pour qu'elle reste dans les limites d'une prévision, l'apport pourra être rémunéré par des parts sociales. Au surplus, l'existence possible d'une valeur de bénéficiale bail se trouve sanctionnée par la loi fiscale du 13 juillet 1925, art. 35, 36 (J. O. du 14 juillet) qui prévoit un droit de 100/0 [+ 2 décimes] cession de droit au bail sur le bénéfice stipulé (R. G. 8220 § 5). La cession de ce droit au bail dont nous venons de parler est fiscalement justiciable du « droit au bail », qui est un élément du fonds de commerce se confondant avec lui et tarifé comme lui 100/0 (Juris-classeur de l'Enreg., V° Fonds de commerce, n° 31).

Cependant, aussi bien en matière rigoureusement commerciale que dans tout autre domaine, il conviendra d'examiner l'influence de la clause d'interdiction de sous-louer, insérée au bail primitif, par rapport à la valeur du bail. Nous ne pouvons mieux faire que de renvoyer à l'étude parue dans le Répertoire Général du Notariat (Defrénois) sous le n° 20280, année 1923, sur les conséquences d'une telle stipulation.

40. *Apport d'industrie.* — La question de savoir si un apport d'industrie peut être rémunéré par des parts sociales dans une société à responsabilité limitée est une des plus délicates que soulève la loi nouvelle. MM. Pic et Baratin lui donnent une solution négative par le motif qu'il ne peut y avoir libération immédiate et totale, avec un apport ne comportant qu'une succession de prestations (Des sociétés à responsabilité limitée, n° 170 et 274), (Pottier, loc. cit. n° 38). Au contraire, nous trouvons l'affirmative dans le Traité Formulaire de Ch. Defrénois, n° 50, et dans l'ouvrage de Gain, n° 22.

Mais comme le travail d'un sociétaire a certainement une valeur et que les sociétés, surtout des sociétés comme la société à responsabilité limitée, ne prospèrent souvent que par les efforts, la capacité, le dévouement, la valeur d'un homme, on essaie de trouver une combinaison qui attache cet homme à la fortune de la société. L'un propose la simple participation dans les bénéfices sociaux ; l'autre estime qu'une part sociale immo pourrait être accordée, mais avec la stipulation, échappant à la critique des tiers, d'une participation, pour cette part, plus importante que pour les autres parts dans les bénéfices et la répartition des réserves. Mais au décès du bénéficiaire de la part, ou si ce bénéficiaire veut céder la part, qu'adviendra-t-il ? L'observation de l'article 22 sera-t-elle suffisante, si le successeur du bénéficiaire s'abstient de tous travaux ? A cette objection on répond que la majorité faisant la loi des parties, les associés pourront imposer leurs conditions à ce successeur.

41. *Autres choses futures.* — Les autres choses futures, telles promesses de vente, promesses de bail, et quelles qu'elles soient, ne doivent être acceptées, à titre d'apports en nature rémunérés par des parts sociales, que dans les limites d'une évaluation courante, et non pas provoquées pour les besoins de la cause.

42. *Apport grevé de passif. Apport. Vente.* — L'apport grevé d'un passif partiel n'est pas fictif. La différence entre la valeur vénale et le montant des dettes constitue un actif, susceptible d'être rémunéré en parts sociales. Seulement, il peut se produire un changement dans les cours des objets apportés, de telle sorte que, par l'effet de cette variabilité, l'actif peut devenir négatif. De là, à conclure à l'inexistence de l'actif il n'y a qu'un pas. (Voir sous le n° 343, la note 3, Arthuys).

Dans la Revue nouvelle de la Basoche, M. F. Foiret, page 433, proclame la nécessité d'une libération complète du passif, grevant un apport en nature et n'admet pas la promesse de cette libération, si à la totalité d'apport en nature doit correspondre une délivrance de parts. Il ne fait, d'ailleurs, pas difficulté pour reconnaître que, si la délivrance de part immédiate correspondait seulement à l'actif net, et si le passif devait être payé par la société, la convention participerait à la fois de la nature de l'apport et du caractère de la vente ; elle n'aurait rien que de régulier. Mais dans une telle situation des évaluations rigoureusement exactes sont nécessaires ; il est si difficile de tenir la balance égale entre des intérêts très différents.

Un apport peut, d'ailleurs, n'être grevé d'aucun passif, et il n'est pas défendu de stipuler une partie de l'apport payable en parts, et une autre partie payable en argent ; on dit alors qu'il y a apport social et apport vente à la fois.

Avant l'étude fiscale, nous croyons devoir insister sur l'attention toute particulière avec laquelle le double apport doit être énoncé et l'affectation des apports au prix ou au paiement du passif doit être précisée pour éviter des droits d'enregistrement exagérés. Il suffit de signaler ici le jugement du tribunal de Toulouse du 18 juillet 1924, (R E. 8111), maintenant une perception, qui aurait été non justifiée avec une autre formule que celle adoptée.

C) Responsabilité.

43. Nous avons déjà parlé de la responsabilité relative à l'évaluation des apports en nature, la seule dont il y ait lieu actuellement de s'occuper.

Les apports doivent être l'objet d'une évaluation sérieuse. Il est certain que les associés, tenus entre eux par une responsabilité solidaire quant à l'exactitude de l'évaluation, sont intéressés à ne pas laisser majorer la part de l'un d'entr'eux, puisque cette erreur serait de nature à gravement engager leur patrimoine. Que si tous les apporteurs majorent leurs apports, le droit de contrôle réciproque sera sans efficacité, surtout au cas où les apports constitueraient la seule fortune des apporteurs ; il faudra compter seulement sur les sanctions correctionnelles de l'art. 38 de la loi du 7 mars 1925, à la condition encore qu'il y ait eu manœuvres frauduleuses.

La responsabilité solidaire des associés sera invoquée par tous les tiers dans la mesure où préjudice leur aura été causé, et jusqu'à concurrence seulement, semble-t-il, de la majoration. Pour apprécier la valeur de l'apport, et, s'il y a lieu, l'importance de la majoration, il faut se placer au jour de l'acte de société ; la diminution de l'apport après la fondation de la société ne saurait comporter aucune responsabilité ; de même, si la cession ne fait pas disparaître la faute du cédant, qui doit seul en répondre, le cessionnaire reste à l'abri de toute poursuite.

L'action en responsabilité se prescrit par dix ans à partir de la constitution de la société, tandis que l'action pour la poursuite du délit prévu par l'article 38 pour la majoration frauduleuse se prescrit par 3 ans.

D) Transmission. Droits des parts sociales

44. Les parts peuvent se présenter avec des avantages particuliers pour certaines d'entr'elles, mais sans qu'à notre avis cet avantage puisse consister dans un droit de vote plural ou privilégié. Il est vrai que les auteurs, qui admettent les parts d'un taux nominal inégal, reconnaissent que grâce à cette inégalité on arrive au vote plural de façon indirecte ; admettons des parts de 5,000 fr. et des parts de 100 fr. ; si chacune des parts a le même droit de vote, une part de 5.000 fr. n'aura droit qu'à une voix, tandis que le porteur de 50 parts de 100 fr. disposera de 50 voix, (art. 28, Recueil général des Lois, page 127, étude de M. Laurent). La thèse de l'égalité nominale des parts a dans cette circonstance un argument de première importance.

Quoiqu'il en soit, le problème du vote plural ou privilégié dans les sociétés à responsabilité limitée est excessivement délicat. Dans le « Vote privilégié : Société à R. L. » M. Lepargneur en a fait voir toutes les difficultés. (J. des Sociétés, mai 1927.) M. le doyen Wahl a défendu le vote plural, aussi bien que le vote privilégié dans son « Vote plural dans les sociétés à responsabilité limitée », (Semaine Juridique, n° 13 du 31 mars 1927 ; Rev. Jur. des Sociétés, n° 4, avril 1927.) Les fondateurs des sociétés à R. L. feront bien de ne pas s'engager sur ce terrain embrouillé, tant que la jurisprudence ne se sera pas catégoriquement prononcée.

Il peut exister des parts de capital et des parts de jouissance, à la condition que la part de jouissance soit constituée après prélèvement du remboursement du capital sur les bénéfices seulement, l'opération laissant intact le capital.

45. *Titres.* — « Les parts sociales ne peuvent être représentées par des titres négociables nominatifs, au porteur, ou à ordre. »

Cela ne veut pas dire qu'elles ne puissent pas être représentées par des titres. La condition première est que les titres ne soient pas négociables suivant les formes prévues par le Code de commerce. Voici comment s'est exprimé M. Manceau à la Commission de la Chambre des députés : « Ce que le législateur a voulu dire, c'est qu'on ne se trouverait pas, à proprement parler, en face de titres, mais plutôt en face de reconnaissances de participation au capital social... qu'une aliénation s.-s. p., ou une simple aliénation par tradition sera nulle et de nul effet... que l'achat ou la vente, en un mot que le trafic des parts en bourse est impossible ou tout au moins interdit. En pratique de tels titres affecteront la forme de certificats globaux, plutôt que celle de titres détaillés proprement dits. »

Le rapporteur de la loi au Sénat a insisté : « Il n'y a pas d'actions, il n'y a que des parts sociales, ce qui est tout à fait différent... Il n'y a pas de trafic, ni de circulation de titres... »

Les droits de l'associé sont, à son égard, suffisamment précisés par un extrait de l'acte de société, si cet acte est notarié, ou par un exemplaire de l'acte s.-s. p. Dans son opuscule « Avez-vous intérêt... », M. Moreau remarque que « les seuls titres qui peuvent être délivrés aux associés sont, soit des extraits des actes, portant attribution des parts sociales, soit des certificats à personnes dénommées, assujettis au timbre de dimension. »

E) Cession des parts.

46. L'inaliénabilité des parts aurait été contraire à l'ordre public. Si

elles ne sont pas négociables, elles peuvent être l'objet d'une transmission.

La loi a prévu, d'une part, les conditions de la cession, et, d'autre part, la forme de la cession.

A. — Sur les conditions de la cession, deux situations sont à envisager. Ou la cession a lieu en faveur d'un associé, et, alors, il n'est pas besoin d'une ratification quelconque de la part de la société, bien que la majorité puisse du fait de la transmission se trouver déplacée ; en cette hypothèse les conditions de forme, dont il va être parlé, devront être respectées.

Ou la cession a lieu en faveur d'un étranger, et, alors, il faut le consentement de la majorité des associés représentant au moins les trois quarts du capital social. En ce cas, double majorité pour la régularisation de la cession :

1° Majorité des associés (la moitié plus un, et chaque associé ne disposant que d'une voix) ;

2° Majorité de ces associés, représentant les 3/4 du capital social.

Les statuts ne peuvent imposer moins, mais ils peuvent imposer plus. Il est à désirer que les statuts prévoient les conditions dans lesquelles celui qui veut céder devra prévenir de ses intentions ses co-associés et suivant que la société a plus ou moins de 20 membres. (Rap. art. 26 et 29).

Si la loi ne parle que de cession, tout le monde admet que cette loi s'applique aux donations et autres transmissions, telles que dation en paiement, adjudication publique volontaire ou forcée. Donc, le donataire n'est-il pas agréé, le cessionnaire volontaire ou par décision de justice n'a-t-il pas le consentement des autres associés, l'opération constatée reste sans possibilité de réalisation. On ne voit pour un créancier que la faculté de faire saisir-arrêter les revenus produits par les parts sociales de son débiteur, dont la déconfiture n'a aucune influence sur le sort de la société (art. 36). Au surplus, dans leur ouvrage, MM. Pic et Baratin admettent la faculté

d'adopter une clause de préemption de la part proposée, en faveur des associés, avec un forfait de capitalisation (n° 267).

Au cas de décès, l'article 22 reste sans application. Les héritiers prennent la place de l'associé défunt, sans pouvoir faire apposer les scellés, ni faire faire inventaire à l'égard du patrimoine social. Cependant, il peut être stipulé dans les statuts que le décès d'un associé se produisant, il est accordé à ses co-associés un droit de préemption, moyennant le prix de rachat fixé aux statuts.

Un auteur refuse aux légataires particuliers la substitution d'office aux droits du *de cujus.* (Gain, loc. cit. n° 23) ; il faudrait, d'après lui, l'assentiment des co-associés, le légataire particulier n'ayant pas la saisine. Mais le partage d'ascendant qui a pour résultat d'ouvrir une présuccession pourrait-il être opposé aux co-associés sans qu'il fût besoin de leur consentement ? (Art. 1075 et 1076 C. civ.). A s'en tenir à l'idée de pacte familial, que l'on reconnaît à la société à R. L., l'affirmative est admissible.

Au cas de cession non autorisée, la convention serait valable entre le cédant et le cessionnaire, mais sans que ce dernier pût intervenir, en aucune façon, auprès de la société, autrement que pour toucher la part du cédant dans les bénéfices et le produit d'une liquidation.

47. B. — Les conditions de forme de la cession sont de rigueur.

Il faut, d'après l'article 23 :

1° Un acte de cession, notarié ou sous-seings privés ;

2° La signification de la cession à la société, ou l'acceptation de cette dernière dans un acte authentique.

Si l'acte est notarié, le notaire prend toutes les responsabilités que comporte son ministère ; et, cédant et cessionnaire n'ont qu'à se confier à son expérience.

Si l'acte est s.-s. p., le triple exemplaire est requis, dont un est à déposer au bureau de l'enregistrement, au moment de la formalité fiscale. D'autre part, l'acte de la cession de parts dans une société ne bénéficiant pas des dispositions de l'article 22 de la loi du 14 juin 1859 (T. A. 2e éd., V° Acte de commerce, n° 129), tombe sous l'application de l'article 12 de la loi du 29 juin 1918, obligation, dans le délai de trois mois, de la rédaction, de l'enregistrement au bureau du domicile de l'une des parties contractantes.

L'acte s.s.p. comprendra toutes les indications usuelles.

Après la signature des conventions, ou la société les acceptera dans un acte authentique, ou les parties les feront signifier par huissier à la société. Alors, à l'égard de tous, aussi bien de la société que des tiers, la transmission se trouvera définitivement consacrée.

On a soulevé la question de savoir si pour les différents actes authentiques auxquels, dans l'hypothèse de cession, un gérant est délégué, mandaté ou mandant, l'acte lui-même de mandat ou de délégation doit être authentique; peut-il être fait en la forme s.s.p.? La réponse doit être affirmative.

Ici l'authenticité pour l'acte de cession étant facultative, l'acte de mandat jouit du même privilège. (Notes sous Cass. civ. 4 mai 1925, D. P. 1927.1.14)

18. C. — Nous aurons à examiner plus loin les règles relatives à la publicité.

Mais la publicité n'aurait pas lieu d'être effectuée pour le cas de cession à un associé, tandis que même la substitution d'un héritier à un associé décédé devrait être publiée; les termes de l'article 17 à commenter sont trop formels.

§ 9. — *Publicités*

19. Art 12. — « Dans le mois de la constitution de la société, une expédition de l'acte constitutif, s'il est notarié, ou un original, s'il est s.s.p., est dé-posé aux greffes de la justice de paix et du tribunal de commerce du lieu dans lequel est établie la société. »

Art. 13. — « Dans le même délai d'un mois, un extrait de l'acte constitutif est publié dans un des journaux pouvant recevoir des annonces légales.

« Il sera justifié de l'insertion par un exemplaire du journal, certifié par l'imprimeur, légalisé par le maire et enregistré dans les trois mois de sa date.

« Les formalités prescrites par l'article précédent et par le présent article, seront observées, à peine de nullité à l'égard des intéressés; mais le défaut d'aucune d'elles ne pourra être opposé aux tiers par des associés.

Art. 14. — « L'extrait doit indiquer que la société est à responsabilité limitée; son objet; les noms des associés; la raison sociale ou la dénomination adoptée par la société et le siège social; les personnes autorisées à gérer, administrer et signer pour la société; le montant du capital social, d'espèce et la valeur des apports en nature; la clause qui attribue des intérêts aux associés, même en l'absence de bénéfices, dans les termes de l'article 34 (et non 37); l'époque où la société commence, celle où elle doit finir et la date du dépôt aux greffes de la justice de paix et du tribunal de commerce. »

Art. 15. — « Si la société a plusieurs établissements ou succursales, situés dans divers arrondissements, le dépôt prescrit par l'article 12 et la publication prescrite par l'article 13 ont lieu dans chacun des arrondissements où existent ces établissements ou succursales.

« Dans les villes divisées en plusieurs arrondissements, le dépôt sera fait seulement au greffe de la justice de paix du principal établissement. »

Art. 16. — « L'extrait est signé par le notaire qui a reçu l'acte de société, ou si cet acte est s.s.p., par un des associés investi à cet effet d'un pouvoir spécial.

Art. 18. — « Dans tous les actes, factures, annonces, publications ou autres documents émanés de la société, la dénomination sociale doit toujours être précédée ou suivie immédiatement des mots écrits visiblement et en toutes lettres « société à responsabilité limitée, » et de l'énonciation du montant du capital social.

« Toute contravention aux dispositions qui précèdent est punie d'une amende de 50 francs à 1.000 francs. »

Art. 19. — « Toute personne a le droit de prendre communication des pièces déposées aux greffes de la justice de paix et du tribunal de commerce, ou même de s'en faire délivrer, à ses frais, des expéditions ou extraits par le greffier. »

Art. 20. — « La société doit être immatriculée dans le registre du commerce, créé par la loi du 18 mars 1919, dans le délai et sous les sanctions déterminées par cette loi.

« La déclaration à faire au greffier, conformément à l'article 6 de cette loi doit contenir, outre les mentions prescrites par cet article, les noms et prénoms des associés, la date et le lieu de naissance, la nationalité de chacun d'eux avec toutes les indications prescrites par l'art. 4-4° de ladite loi.

« Les mentions indiquées dans l'article 7 de la loi du 18 mars 1919 doivent également être inscrites au registre du commerce.

« La société devra aussi être inscrite dans le registre central du commerce, conformément à l'article 10 de ladite loi. »

Art. 34. — « Il peut être stipulé dans l'acte de société, mais seulement pour la période de temps nécessaire à l'exécution des travaux qui, d'après l'objet de la société, doivent préciser le commencement de ses opérations, que les associés auront droit à des intérêts à un taux déterminé, même en l'absence de bénéfices. L'acte de société détermine cette période.

« Cette clause doit, à peine de nullité, être insérée dans l'extrait de l'acte de société publié dans un journal d'annonces légales, en vertu de l'article 13.

« Le montant des intérêts ainsi payés, etc... »

50. Il existe plusieurs sortes de publicité, relatives à une société :

A. — La publicité antérieure à sa fondation.

B. — La publicité au moment de sa fondation.

C. — La publicité d'occasion et permanente pendant sa durée.

D. — La publicité pour actes, généralement accomplis par les sociétés, mais en tant qu'individualités.

51. A. — *Publicité antérieure à la fondation de la société.*

Nous savons par l'étude de l'article 4 « qu'il est interdit à la société d'émettre pour son propre compte, par souscription publique, des valeurs mobilières quelconques. »

Nous verrons, dans une autre partie de notre étude, que, d'après l'article 37 : « sont punis d'une amende de 500 à 1,000 francs et d'un emprisonnement de 15 jours à 6 mois ou de l'une de ces peines seulement . . . . . .

. . . . les gérants, qui directement ou par personne interposée, ont ouvert une souscription publique à des valeurs mobilières quelconques pour le compte de la Société. »

Avant et au cours de la vie sociale, impossibilité d'ouvrir une souscription publique pour le compte de la société. Prohibition absolue d'émission des titres de la société elle-même, sans que cependant il soit interdit au gérant de participer à une souscription publique de titres d'une autre société.

Donc la loi du 30 janvier 1907, concernant les émissions, n'aura pas à s'appliquer. Elle n'aurait pas seulement, d'ailleurs, à s'appliquer à raison des défenses précitées, mais encore parce que, suivant la décision ministérielle du 13 décembre 1907 (Instr. R. 3228, § 9), les dispositions de l'art. 3 de la loi du 30 janvier 1907 ne visent que les actions,

obligations et autres valeurs susceptibles d'être négociées en bourse, à l'exclusion des titres, dont la cession ne peut
s'effectuer que sous réserve d'acceptation de la part de la société ou conformément à l'article 1690 C. civ. (Houpin et
Bosvieux, loc. cit., nᵒˢ 1242 et s.).

52. *B. — Publicité au moment de la
fondation de la société.*

L'art. 12 est la reproduction de l'article 55, paragraphe 1, de la loi du 24
juillet 1867, sauf le remplacement de
« un double de l'acte constitutif, s'il est
sous-seing privé », par « un original s'il
est sous-seing privé. »

L'art. 13 reproduit l'art. 56 de la loi
de 1867.

L'art. 14 s'inspire des art. 57 et 58 de
la même loi ;

L'art. 15 s'inspire de l'art. 59, l'art. 16
de l'article 60 ;

L'art. 17 de l'art. 61, l'art. 19 de
l'art. 63.

L'art. 18 est, comme l'a dit le D. P.
1925.4.174, la reproduction améliorée
de l'art. 64 de la même loi de 1867.

53. Dans le mois de la constitution de
la société, il est prescrit de déposer au
greffe de la justice de paix et à celui du
tribunal de commerce du lieu dans lequel
est établie la société, soit l'expédition de
l'acte constitutif, s'il est notarié, soit un
original, avec toutes les signatures des
parties, bien entendu, s'il est sous-seing
privé.

Qui fera le dépôt prescrit ? Le gérant
de la société paraît tout désigné. Cependant il est d'usage d'insérer dans les
actes de société un article, rédigé de la
manière suivante, ou de façon équivalente suivant la nature de l'acte social :

« Tous pouvoirs sont donnés au porteur d'un double ou d'un exemplaire-
minute des présentes pour faire les dépôts et publications exigés par la loi
partout où besoin sera. »

Encore : « Tous pouvoirs sont donnés
au porteur des pièces pour opérer le

dépôt légal et la publication des présents statuts. » (Rapprocher les formules
du Traité des Sociétés Commerciales de
MM. F. Arthuys et E. Lecouturier).

Mais l'obligation, imposée par l'article 16, de la signature de l'extrait par
le notaire rédacteur des statuts ou par
celle d'un associé, spécialement mandaté, au cas d'acte s.-s. p., ne doit-elle
pas faire compléter ces formules par le
nom de l'associé désigné ?

Sur le délai du mois à compter de la
constitution de la société, il y a doute
au sujet de la manière de le calculer.
Si le calcul du quantième à quantième, sans s'arrêter à l'inégalité des
jours de chaque mois, est admis par
tous les auteurs, on n'est pas d'accord
sur le point de savoir s'il faut, oui ou
non, compter le *dies a quo*. Pour l'affi-
mative, Pottier, nᵒ 56, Defrénois, 162,
Gain, nᵒ 29 ; pour la négative, c'est-à-
dire pour ne pas compter le *dies a quo* :
Pic et Baratin, nᵉ 196. En présence des
difficultés que peut comporter la sup-
putation des délais, on ne peut qu'engager les fondateurs de sociétés à R. L., à
hâter la formalité du dépôt. (Voir A.
Vavasseur, Traité des Sociétés Civiles et
Commerciales, 6ᵉ édit., nᵒ 924).

54. Si la société a plusieurs établissements ou succursales, situés dans divers
arrondissements, le dépôt prescrit par
l'article 12 a lieu dans chacun de ces
arrondissements, aussi bien au greffe de
la justice de paix qu'au greffe du Tribunal de commerce ; dans les villes
divisées en plusieurs arrondissements,
le dépôt n'a lieu que dans une seule
justice de paix, celle du principal établissement.

Sur la définition de la succursale,
nous ne pouvons que renvoyer au
Répertoire Pratique de Dalloz, vᵒ Société,
nᵒ 223, en faisant remarquer que, dans
son arrêt du 21 novembre 1916, D. P.
1921.1.9, (note de M. Léon Lacour), la
Cour de cassation déclare que l'inobservation des formalités des articles 55
et 56 de la loi du 24 juillet 1867 entraîne

la nullité de la société. Cette jurisprudence s'appliquerait, s'il y avait lieu, à la société R. L.

Peut-il y avoir prorogation judiciaire des délais ? La question a été soumise au Tribunal de commerce de Lyon, le le 12 août 1920, D. P. 1922.2.125. Il résulte de sa décision et des références en note que, si la distance rend l'accomplissement des formalités légales matériellement impossible dans les délais légaux, le tribunal peut accorder des délais supplémentaires, mais que cela ne serait pas possible pour les succursales situées en France.

55. Quant aux sociétés, dont la naissance est subordonnée à une condition suspensive, c'est la date de la réalisation de la condition qui doit fixer le point de départ des délais.

Dans une matière, où la prudence exige même la multiplicité des formalités, nous croyons devoir reproduire la note du Journal des Sociétés sous l'arrêt de la Cour de Lyon, du 15 février 1909 (1909, p. 499, n° 1894) : « Dans l'opinion la plus généralement admise, l'on décide, ainsi que vient de le faire la Cour de Lyon, que le délai de publicité, en cas de constitution d'une société, ou de modification des statuts subordonnées à une condition suspensive, ne commence à courir que du jour de l'événement, qui rend la société ou la modification définitive, et que l'on ne saurait alors faire application du principe de la rétroactivité de la condition. (Vavasseur, n° 1023 ; Houpin, n°s 998 et 1027 ; Goirand, n° 213 ; Arthuys, n°s 797 et 800 ; Thaller et Pic, n°s 281 et 336 ; Cass., 4 août 1847, D. 47.1.300, S. 47.1.649 ; Cass., 22 fév. 1892, J. S. 1892.514. — *Contra* : Pont, n° 1179 ; Ruben de Couder, n° 335 ; Lyon, 2 février 1882 ; Journal des soc. 1886.67 ; Rennes, 3 août 1894, *ibid.* 1895.395). Toutefois, en présence des hésitations de la jurisprudence, l'on a conseillé, tout au moins en cas de constitution d'une société sous condition suspensive,

de publier dans le mois de leur d... respective l'acte de société et l... constatant la réalisation de la condi... et par suite, la constitution défini... de cette société. (Houpin, n° 998 ; Co... Rousseau, n° 876).

56. La seconde opération à effe... est, dans le mois de la constitution, publication de l'extrait dans un jou... d'annonces légales, avec, comme con... quence, l'obligation de la formalité... l'enregistrement, dans les trois... de sa date, d'un exemplaire du jou... nal.

a) Que doit contenir l'extrait ?

1° L'indication que la société est à responsabilité limitée.

2° Son objet.

3° Les noms des associés.

4° La raison sociale ou la dénomin... tion adoptée par la société.

5° Le siège social.

6° Les personnes autorisées à gér... administrer et signer pour la société.

7° Le montant du capital social.

8° L'espèce et la valeur des app... en nature.

9° La clause qui attribue des inté... aux associés.

10° L'époque où la société commen... et celle où elle doit finir.

11° La date des dépôts aux greffe... la justice de paix et du Tribunal... commerce.

Ce sont les termes de la loi. Mai... importe de publier encore toutes... clauses, que les tiers ont intérêt à c... naître. Spécialement il conviendra... signaler si la société est à capital va... ble, et la somme au-dessous de laquel... le capital ne peut être réduit.

Bien que la loi ne le dise pas, il fa... que l'extrait contienne les énonciati... relatives à la date et à la nature de l'a... constitutif, il faut identifier les associ... non seulement par leurs noms, m... encore par leurs prénoms, profession... domiciles ; il sera prudent d'indiquer... sièges des succursales, avec les da... des dépôts aux succursales ; l'extr...

quera toutes les conditions susceptibles d'augmenter ou de diminuer la
de la société.

Qui doit établir l'extrait ?

L'extrait est signé par le notaire qui
a reçu l'acte de société, et si cet acte
est s. s. p. par un des associés investi à
cet effet d'un pouvoir spécial.

Le mandataire régulier peut requérir
l'insertion, sans qu'on ait à se préoccuper d'autre chose que de la régularité de l'insertion.

Dans quel journal doit-être inséré
l'extrait ?

En province, l'insertion peut être
dans n'importe quel journal du
département du siège social. Pour les
succursales, l'insertion sera reçue dans
le journal du département de leur ressort (Décret du 28 décembre 1870).

À Paris, l'insertion est obligatoire-
ment faite dans l'un des journaux dési-
gnés par un arrêté annuel du préfet de
la Seine. (Décret du 17 février 1852).

L'auteur (Pottier, loc. cit., n° 53), a
soulevé la question du prix des insertions. Le prix des insertions est-il *légalement* fixé ? Il le semblerait, à consulter
la loi du 23 octobre 1884 sur les ventes
judiciaires d'immeubles, puisqu'elle dit
pour les ventes à mises à prix infé-
rieures à 2.000 fr., le prix des insertions
de la moitié de celui fixé pour les
ventes judiciaires. Mais le décret
rappelé du 28 décembre 1870, ne
fixe un tarif pour la province.

C) 47 de la formalité de l'enregistrement.

exemplaire du journal, certifié par
l'imprimeur, légalisé par le maire, et
enregistré dans les trois mois de sa date,
de l'insertion.

La Cour de Poitiers (arrêt du 7 mars
D. P. 1911.2.280), a reconnu que
de cette formalité constituait
sous le régime de la loi de
Mais la Cour de cassation décide,
arrêt du 19 juin 1918 (J. S. année
16, n° 2022) que si la société
représenter le journal lui-même,
en droit de prouver par d'autres

moyens qu'elle a accompli les formalités prescrites.

Si l'acte social est notarié, l'exemplaire du journal est d'habitude déposé
chez le notaire. S'il est s. s. p., et
puisque la mention d'enregistrement
par duplicata au moment de la formalité
requise ne comporte aucun droit spécial (T. A. v° Communication, n° 158),
il paraît opportun de faire timbrer,
certifier, légaliser et enregistrer plusieurs exemplaires du journal, et d'en
annexer des numéros aux registres de
la vie sociale (comptabilité, délibérations, et aux dossiers de constitution ou
autres).

57. Une troisième obligation incombe
aux fondateurs des sociétés à R. L.
Quel que soit son objet, la société doit
être inscrite : 1° au registre du commerce, créé par la loi du 18 mars 1919,
et tenu au greffe du Tribunal de commerce (siège social et succursales) ;
2° au registre central du commerce,
tenu à Paris, à l'Office national de la
Propriété Industrielle.

Le délai d'inscription au greffe du
Tribunal de commerce est d'un mois,
et les sanctions de la loi de 1819 sont
applicables.

Le décret du 15 mars 1920 (D. P.
1920.4.89) précise les conditions à remplir pour la déclaration à faire au greffe
par le ou les gérants, ou le mandataire
spécialement mandaté (formule imprimée, double exemplaire, ni abréviations, ni altérations, ni surcharges,
délivrance de récépissé, etc.)

Le greffier devant surveiller toutes les
indications à insérer dans la déclaration, et l'article 20 précité et la loi du
18 mars 1919 (D. P. 1920.4.86), ne
comportant aucune difficulté spéciale
d'interprétation, nous renvoyons aux
textes pour les énonciations à mettre
dans la déclaration.

58. C. — *Publicité d'occasion et publicité permanente pendant la durée de
la société.* — 1° L'article 17 soumet aux

formalités et aux sanctions des articles 12 et 13 les actes et délibérations, ayant pour objet la modification des statuts et tout changement d'associé.

Il ne fait pas difficulté que toutes les modifications, intéressant les tiers, doivent être l'objet de dépôt et de publicité ; l'on devrait déposer seulement, sans les publier, les clauses modificatives, n'intéressant que les associés. (Pic et Baratin, loc. cit. n°⁵ 201 et s.). Comme l'on ne peut saisir souvent le défaut absolu d'intérêt pour les tiers, même dans les clauses les plus anodines, nous inclinons à penser que l'article 17 doit être observé rigoureusement, sans nous occuper du point de savoir si l'art. 61 de la loi de 1867, qui a servi de modèle à l'art. 17 de la loi nouvelle, est interprété de façon différente. On aurait tendance peut-être à s'arrêter, pour les dispenser de publication, au caractère d'ordre intérieur de certaines clauses (Cass. civ., 2 fév. 1910, D. P. 1910.1. 525). (J. S. 1910.346). Mais, en présence de décisions, telle celle de la Cour de Lyon du 8 décembre 1905, J. S. 1906, p. 254, n° 1570, imposant dépôt et publicité pour toutes les clauses, sans exception, en matière de société anonyme, la prudence la plus grande s'impose. Au surplus, les avantages exceptionnels accordés par la loi nouvelle inciteront probablement les magistrats à appliquer purement et simplement le texte, sans l'affaiblir par une interprétation ; ce sera la rançon des facilités accordées à l'heure actuelle aux bénéficiaires de la nouvelle forme de société.

Pour répondre à une objection, résultant de ce que l'article 24 de la loi autorise la nomination des gérants dans un acte postérieur à l'acte constitutif, et de ce que l'article 17, ne visant que la publicité des statuts et des changements d'associé ne serait pas applicable à l'acte de nomination des gérants, nous dirons que cet acte de nomination, n'étant que le complément nécessaire des statuts, doit être l'objet de la publicité ordinaire.

Nous rappelons que « les mentions indiquées dans l'article 7 de la loi du 18 mars 1919 devront être également inscrites au registre de commerce » (art. 20, al. 3).

59. — L'article 18, qui prescrit sur tous les actes, factures, annonces, publications ou autres documents, émanés de la société, l'inscription en toutes lettres de « société à responsabilité limitée », et du montant du capital social a pour but de prévenir les tiers qui veulent contracter avec la société.

L'abréviation est absolument interdite. On ne peut notamment se borner à écrire société à R. L. ; car, comme le disait M. Manceau à la Chambre des députés, « ce n'est pas au moment où avec raison, on supprime en termes militaires l'usage abusif des abréviations par initiales qu'on doit leur donner une consécration officielle dans un nouveau texte de loi. »

Le capital social doit être indiqué avec toutes ses modifications (s'il est augmenté, avec le montant de la majotion... et, s'il est diminué, avec la déduction du montant de la réduction.)

Tous les documents, quels qu'ils soient, concernant la société, doivent donc porter les mentions prescrites, sous peine, d'ailleurs, d'une amende de 50 à 1.000 fr.

On rappelle que si la société est à capital variable, il ne faut pas oublier d'ajouter aux mentions prescrites les mots « à capital variable ».

On connaît aussi les prescriptions de la loi du 1er juin 1923 (Officiel du 6), rendant obligatoire sur tous les papiers de commerce, factures, etc..., des commerçants, l'indication de l'immatriculation au registre du commerce.

60. Mais, il ne suffit pas de savoir qu'une société est à responsabilité limitée avec un capital déterminé. Les tiers prévenus de la nature de la société auront intérêt à en connaître les clauses. L'article 19 leur donne le droit

de prendre *communication* des pièces aux greffes de la justice de paix et du tribunal de commerce, et de s'en faire délivrer, à leurs frais, des expéditions ou extraits par les greffiers.

On a fait remarquer que l'article 63 de la loi de 1867 prescrivait la délivrance par la société anonyme de la copie de ses statuts, moyennant la somme de 1 fr., et que les pièces déposées devaient être affichées d'une manière apparente dans les bureaux de la société. Ces prescriptions ne concernent pas la société à R. L.

D) Publicité pour des actes, généralement accomplis par la société, mais en tant qu'individualité.

61. Si nous avons créé ce paragraphe, c'est tout simplement pour attirer l'attention des fondateurs de société sur des formalités, dont l'oubli serait de nature à causer préjudice à la société.

Faut-il, pour l'apport d'un brevet, remplir les formalités de l'article 20 de la loi du 5 juillet 1844 ? La jurisprudence penche pour la négative ; mais en présence des hésitations de la doctrine, (Dalloz, loc. cit., v° Brevet, n° 197), nous conseillons l'exécution des formalités prescrites par le dit article (Dalloz, loc. cit., v° Brevet, n° 158). (Voir ci-dessus n° 11).

Pour les cessions de marques de fabrique ou de commerce et les concessions d'un droit d'exploitation d'un brevet, il faut se référer aux décrets du 11 septembre 1920 (Loi du 26 juin 1920, *J. officiel* du 15 ; Répertoire du Notariat, Législation commentée, 1920, p. 214).

L'apport d'un navire à une société doit-il être soumis aux formalités de la mutation en douane ? (Dalloz, Rép. Pr., v° Droit maritime, n° 79).

Nous avons précédemment, pour l'apport des fonds de commerce, signalé la distinction qu'établit la loi du 17 mars 1909, suivant qu'il s'agit d'un apport de fonds à une société en formation ou à une société déjà formée. « Si l'apport d'un fonds de commerce à une société

est soumis à la publicité spéciale prévue par l'article 3 de la loi du 17 mars 1909, quand le fonds est apporté à une société déjà existante, il suffit au contraire de le comprendre dans la publication de l'acte de société quand le fonds est apporté à une nouvelle société en formation » (Civ. 26 mai 1914 ; D. p. 1919. 1.93). Il est inutile d'insister sur les conséquences des déclarations au greffe du Tribunal de commerce par les créanciers non encore inscrits ; nullité de l'apport ou annulation de la société peuvent s'ensuivre.

L'apport d'un immeuble à la société nécessite la transcription à la conservation des hypothèques du lieu de la situation de l'immeuble. Bien entendu, le simple apport, sans stipulation de prix, ne donne pas à l'apporteur le privilège du vendeur, et, de ce chef, la transcription est inutile (Dalloz, R. Pr., v° Privilèges et Hypothèques, n° 293). Mais, cette formalité de publicité est seule susceptible d'arrêter le cours des inscriptions du chef de l'apporteur (Rap. Cass. 8 mars 1875 ; D. P. 76.1.369). Un prétexte bien peu plausible d'économie n'est plus motif suffisant de ne pas requérir la transcription, depuis que la loi du 13 juillet 1911, art. 8 (D. P. 1911.4.132), a ajouté au montant du droit d'enregistrement de l'apport immobilier le montant du droit de transcription.

Nous conseillons de bien examiner la nature juridique des valeurs, objet d'apports, pour soumettre ces apports à la publicité, qu'ils sont susceptibles de motiver.

62. *Sanctions des formalités de publicité.* — Dans un chapitre ultérieur, nous réunirons, cela a déjà été dit, les sanctions de toutes sortes, qui s'attachent à l'observation des règles relatives de la société à responsabilité limitée. Mais il nous a semblé opportun de nous arrêter un instant aux sanctions des formalités de publicité à raison de régularisation possible, sauf à les rappeler dans ce chapitre ultérieur.

L'article 13 reproduit plus haut impose la nullité comme sanction à l'obligation de la publicité. Mais quelle est la nature de cette nullité? Nous verrons que la nullité relative à l'acte constitutif se prescrit par dix ans. Or, l'article 13 n'étant que la reproduction de l'article 56, § 3, de la loi de 1867, il faut poser en principe que la nullité qu'il édicte est imprescriptible comme la nullité de l'article 56; qu'il nous suffise de rappeler l'arrêt de la Cour de Douai du 20 octobre 1910 (D. P. 1915.2.79) catégorique à cet égard et qui fait la juste distinction entre la nullité pour irrégularité de constitution et celle pour irrégularité de publicité. Nullité d'ordre public, cette dernière ne peut cependant être opposée aux tiers par les associés : sa responsabilité nous paraît incomber à tous les fondateurs, qui auront eu le tort de ne pas s'assurer de l'exécution d'une formalité légale, sauf, au cas de mandat, le jeu de l'article 1991 c.

Une jurisprudence constante déclare, pour les sociétés commerciales, que la publicité effectuée tardivement ou régularisée avant la formation d'une demande en nullité, produit des effets, en ce sens qu'elle rend impossible toute demande en nullité (Houpin et Bosvieux, 5e édit., n° 1216). Cette jurisprudence est, sans aucun doute, applicable aux sociétés à responsabilité limitée.

§ 10. — *Transformation d'autres espèces de société.*

63. L'article 41 de la loi est ainsi conçu :

« Les sociétés en nom collectif, en commandite et les sociétés anonymes, constituées antérieurement à la présente loi, peuvent se transformer en sociétés à responsabilité limitée, sous réserve des droits des tiers.

« Sous la même réserve, les sociétés à responsabilité limitée, constituées conformément à la présente loi, pour-ront se transformer en sociétés anonymes. »

Le premier paragraphe de l'article autorise, mais en réservant formellement les droits des tiers, les sociétés en nom collectif, en commandite, ou anonymes, à se transformer en sociétés à responsabilité limitée.

64. Quels sont les droits des tiers qui sont réservés? On ne saurait préciser la nature de ces droits, mais, à titre d'indication, il est évident que le créancier d'une société en nom collectif ne pourrait sans son assentiment perdre le recours vis-à-vis des associés pris en leur qualité personnelle; d'autre part, si un tiers craint que la transformation de la société soit de nature à diminuer sa situation ou à compromettre les garanties qu'il possède déjà, il lui sera loisible d'exiger des gages ou un complément de garanties, sans avoir la prétention de subordonner la validité de la transformation à son consentement.

65. La transformation peut avoir utilité suivant les circonstances.

L'article 41 produira, sauf la réserve prévue, tous ses effets relativement à la possibilité, aux formalités et aux conséquences de la transformation.

Mais il est une forme de société, la société civile, passée sous silence; va-t-elle, du chef de cette omission, se contester le droit de se transformer en société à responsabilité limitée par suite de l'article 41? L'omission paraît d'autant plus singulière que l'article 7 de la loi du 1er août 1893 avait autorisé les sociétés civiles existantes à cette époque à adopter la forme commerciale de la société en commandite ou de la société anonyme, et que l'article 18 de la loi du 21 juillet 1920, complété par l'article 9 de la loi du 31 décembre 1920, autorise, pendant un certain délai et sous certaines conditions, la substitution de la société anonyme à la société civile des mines, moyennant le simple droit fixe

Il est vrai que, pour les sociétés civiles, constituées avant 1893, M. Auger, indique, dans la Rev. Soc. 1925, p. 175, le procédé de la transformation civile en société anonyme, puis de la société anonyme en société à responsabilité limitée.

Mais un moyen bien plus simple existe, d'après le Ministre des finances lui-même, pour la transformation de la société civile en société à responsabilité limitée. Il suffit que la faculté de transformation soit prévue dans les statuts primitifs ou modifiés de la société civile. C'est du moins la conclusion d'une réponse, donnée dans le *J. off.*, 27 mai 1926, Ch. déb., p. 2228, col. 2 et 3, et ainsi interprétée dans la Revue de l'Enreg., n° 8390, § IV.

66. L'Administration de l'Enregistrement reconnaît que le changement de type social, prévu par les statuts, est une simple modification ne créant pas un être moral nouveau ; et, dès lors, la seule constatation de ce fait échappe à tout droit proportionnel. (T. A., V° Société, n° 26 ; Juris-classeur de l'Enreg., V° Sociétés, enreg., fasc. 2, n° 32 ; Laon, 1er avril 1912, R. E., 5.566).

67. Mais la même Administration prétend qu'il faut que la transformation soit formellement prévue, et qu'il n'est pas possible d'interpréter une clause de statuts, qui n'aurait pas à cet égard des termes suffisamment précis. Il est, dit-elle, de jurisprudence constante aujourd'hui, que la clause autorisant, en termes généraux, l'assemblée à modifier les statuts ne lui permet de faire des changements touchant aux bases essentielles de la société que si ces changements ont été prévus expressément. A la suite d'un mémoire en ce sens, elle a obtenu, le 11 avril 1905, un arrêt de la Chambre civile, portant : « Attendu que, non prévue ni autorisée par les statuts de... cette substitution de la forme anonyme a eu pour conséquence la création d'un être moral nouveau, laquelle donnait ouverture au droit proportionnel » (R. E., 3840, D. P. 1906.1.460, S. 1906.1. 361, R. P. 10974, Journ. des Not., 28581).

68. L'article 41 de la loi paraît dispenser de cette obligation de modification de statuts, préalable à la transformation, les sociétés qu'il vise, et qui veulent adopter la forme à responsabilité limitée. Mais, en l'absence de conditions indiquées, les auteurs reconnaissent que cette transformation n'est possible qu'avec l'unanimité des associés, ou avec une majorité déterminée, suivant que la transformation n'a pas été prévue ou l'a été aux statuts.

Aussi, conseillent-ils, pour les sociétés à créer ultérieurement, de toujours prévoir la possibilité de transformation, à l'effet d'éviter tout conflit avec le fisc.

Quand il n'y a pas être moral nouveau, l'acte de transformation ne donne lieu qu'au droit fixe de 22 fr. 50 (Inst. Régie, 3851).

69. Il faut donc examiner, s'agissant d'une modification essentielle du pacte social, les conditions que doit remplir la société intéressée pour la réaliser.

Les sociétés en nom collectif et en commandite simple sont obligées d'obtenir le consentement unanime de leurs associés à la transformation en société à responsabilité limitée.

S'agit-il de sociétés anonymes ou en commandite par actions, les uns adoptent la même règle pour ces deux natures de société (Pic et Baratin, n° 418) ; les autres font une distinction entre la société anonyme et la société en commandite par actions. Comme nous croyons que les sociétés par actions auront très peu souvent, sauf circonstances exceptionnelles, la facilité de réaliser, après décision de la transformation, toutes les formalités de la loi de 1925, nous nous bornerons à rappeler sommairement les règles, qu'il semble possible d'adopter. (Voir *Tableau synoptique*).

Sociétés par actions			
Sociétés anonymes	Antérieures à la loi du 23 novembre 1913.	Transformation prévue par les statuts.	Application de l'ancien article 31 de la loi de 1867.
		Transformation non prévue.	Unanimité des actionnaires.
	Postérieures à la loi du 23 novembre 1913.	Transformation prévue par les statuts.	Application du nouvel article 31 de la loi de 1867.
		Transformation non prévue.	a) Application du nouvel article 31. b) Autre opinion : unanimité des actionnaires.
Sociétés en commandite par actions	1re opinion.		Mêmes règles que pour les sociétés anonymes.
	2e opinion.		Toujours unanimité des actionnaires et des gérants sauf stipulation contraire des statuts.

70. Mais la transformation une fois décidée, comment faire rentrer légalement et officiellement la société transformée dans le cadre de la société à responsabilité limitée ?

D'abord, tous les associés de la société nouvelle seront obligés d'intervenir à l'acte, constituant la nouvelle charte. Mais, si certains actionnaires sont défaillants ou inconnus, comment les frapper ou les toucher ?

La société ne pouvant plus émettre par souscription publique des valeurs mobilières, que fera-t-on des obligations de la société primitive ?

Que fera-t-on des parts de fondateur ? Le rachat s'imposera. Mais qui ne voit les difficultés de la pratique ?

Le capital, ne pouvant descendre au-dessous de 25.000 fr., devra être divisé en parts sociales de 100 fr. ou de multiples de 100 fr., entièrement libérées.

L'évaluation des apports en nature nous paraît obligatoire.

Bref, l'acte de transformation sera rédigé et publié conformément aux prescriptions de la loi de 1925.

Notre conclusion sera que la pratique fera, pour la transformation des sociétés, ressortir des difficultés nombreuses ; et il est à souhaiter que la jurisprudence apporte des règles uniformes dans les questions relatives au domaine de la transformation.

71. L'article 41 *in fine* prévoit la possibilité de la transformation de la société à responsabilité limitée en société anonyme. Il est certain que la société à responsabilité limitée peut adopter, dans sa transformation, le type de la société en commandite, ou de la société en nom collectif.

L'article 31 de la loi détermine les conditions de l'opération : vote de la majorité des associés, représentant les trois quarts du capital social, et impossibilité même avec cette majorité d'obliger l'associé à augmenter sa part sociale.

Donc, toutes les fois que l'associé devra subir des obligations dépassant celles qu'il a prises primitivement, son acceptation est nécessaire. La forme de la société en nom collectif et de la société en commandite exige de la part des associés en nom collectif et des commandités l'unanimité de consentement. De même, pour la société anonyme, dont l'adoption comporterait des versements supplémentaires, il faudrait l'adhésion de tous les actionnaires.

DEUXIÈME PARTIE

Fonctionnement de la Société.

72. La société se trouvant constituée, des rouages lui sont nécessaires pour agir dans le cadre de son objet. Il faut que, étant être moral, elle puisse vivre la vie sociale, à laquelle elle est destinée. Nous allons donc la suivre dans son fonctionnement. Nous examinerons la gestion, sa surveillance et les pouvoirs de la collectivité.

CHAPITRE PREMIER

GÉRANCE.

73. L'art. 24 de la loi de 1925 est ainsi rédigé : « Les sociétés à responsabilité limitée sont gérées par un ou plusieurs mandataires, associés ou non associés, salariés ou gratuits.

« Ils sont nommés par les associés soit dans l'acte de société, soit dans un acte postérieur, pour un temps limité ou sans limitation de durée. Sauf stipulation contraire des statuts, ils ont tous les pouvoirs pour agir au nom de la société en toutes circonstances ; toute limitation contractuelle des pouvoirs des gérants est sans effet à l'égard des tiers.

« Les gérants nommés par l'acte de société ou par un acte postérieur ne sont révocables que pour des causes légitimes ».

L'article 25 le complète.

« Les gérants sont responsables, conformément aux règles du droit commun, individuellement ou solidairement, suivant les cas, envers la société et envers les tiers, soit des infractions aux dispositions de la présente loi, soit des violations des statuts, soit des fautes commises par eux dans leur gestion ».

74. Donc, la condition primordiale de vie sociale est l'existence d'un gérant ou de plusieurs gérants.

Mais, s'il n'y a pas délégation spéciale de gestion, il semble bien que la gérance appartienne à tous les associés, et qu'il n'y ait pas irrégularité du chef de cette lacune. La désignation des associés reste alors équivalente à une délégation de gérance à ces associés.

75. § 1ᵉʳ. — *Règles générales.* — Il peut être nommé un ou plusieurs gérants.

Ces gérants peuvent être pris en dehors de la société.

Leur mandat peut être salarié ou gratuit.

Il est fixé à temps ou sans limitation de durée.

La nomination a lieu dans l'acte de société ou dans un acte postérieur.

Les pouvoirs des gérants sont fixés par les statuts ; vis-à-vis de la société, ils sont restrictifs ou étendus suivant les termes du pacte ; la limitation est sans effet à l'égard des tiers.

Enfin, la révocation des gérants n'est admissible que pour des causes légitimes.

La responsabilité des gérants individuelle ou contractuelle s'établit d'après l'article 24 précité.

76. § 2. — *Nombre des gérants.* — Le nombre des gérants n'est pas limité par la loi.

Il peut y avoir un ou plusieurs gérants, avec les pouvoirs déterminés par les statuts.

Leur action sera individuelle ou collective.

La liberté la plus grande est réservée aux associés à cet égard ; mais, sans que les tiers soient obligés de s'assurer si les pouvoirs légaux des gérants ont été limités. (Voir Nᵒ 82 ci-après.) C'est là une disposition formelle de la loi, qu'il importe de ne pas perdre de vue, et qui doit engager à surveiller de manière très rigoureuse le choix des gérants.

77. § 3. — *Salaires du gérant.* — Le gérant ou les gérants peuvent être pris en dehors de la société ; les intéressés se laisseront guider par la confiance que leur inspireront les personnages à désigner.

Le mandat est gratuit ou salarié ;

Le salaire sera fixé par le pacte social lui-même ou par un accord en dehors du pacte. Mais, les stipulations dans l'acte social sont préférables à tous égards. Les auteurs font remarquer que la responsabilité du gérant sera plus ou moins engagée, suivant que son mandat sera salarié ou gratuit.

78. § 4. — *Nomination des gérants ; durée du mandat.* — Le mandat est fixé à temps ou sans limitation de durée.

S'il est fixé à temps et l'expiration arrivée, il sera renouvelé, ou bien il sera procédé à une nouvelle nomination.

A temps, ou sans limitation de durée, la gérance est susceptible d'être inter-

rompue par la révocation, la renonciation du mandataire, le décès, l'interdiction, la faillite, la liquidation. Mais,
alors, le remplacement du gérant se fait
dans les conditions habituelles.

Quand la nomination est faite dans
le pacte social, la publicité de l'acte
social rend la société parfaite, et aucune
difficulté ne peut se soulever.

Mais, *quid* en cas, d'une part, de la
désignation du gérant non désigné dans
le pacte social et nommé dans un acte
postérieur, et, d'autre part, du remplacement d'un gérant au cours de la
société?

La régularité de la désignation du
gérant dans un acte postérieur au dépôt
de l'acte de société comporte certaines
précautions. Il apparaît d'évidence que
cette désignation doit s'effectuer comme
dans l'acte de société lui-même, et être
l'objet des mêmes publications et dans
les mêmes délais. On a fait remarquer
que l'article 14 oblige de fournir dans
l'extrait à publier de la société « les
noms des personnes autorisées à gérer,
administrer et signer pour la société ».
Comment concilier cette obligation avec
la possibilité de nommer les gérants
même après le mois de la constitution
de la société? On répond que les sociétés
fondées sans gérants sont excessivement
rares, et que, si cette circonstance se
rencontre, la nomination ne dépassera
pas d'habitude le mois, de telle sorte
que la publicité pourra être accomplie
avec les énonciations de l'article 14, au
surplus, si la nomination dépassait le
mois, et l'article 24 n'imposant aucun
délai de nomination, il suffirait de faire
une publicité spéciale.

Mais, dans l'hypothèse du remplacement d'un gérant, au cours de la société,
la nomination sera effectuée dans les
conditions prévues par l'article 27 de la
loi, c'est-à-dire par les associés représentant plus de la moitié du capital
social.

Quand les faits, qui motivent la
retraite d'un gérant, sont indépendants
de sa volonté, les associés ne peuvent
lui reprocher une faute personnelle ;
la réclamation de dommages-intérêts
serait anormale. Mais, si une démission
non prévue par les statuts se produit
de façon inopportune, la justice pourrait accorder aux associés une indemnité
proportionnée aux conséquences de l'
acte répréhensible.

79. §5. — *Révocation.* — La question de
la révocation des gérants tient une place
importante dans l'origine de la loi et
l'interprétation du dernier paragraphe
de l'article 24.

« Les gérants nommés par l'acte de
société ou par un acte postérieur ne
sont révocables que pour des causes
légitimes. »

Telle est la règle, mais seulement
lorsque les statuts n'ont pas prévu le cas
de révocation. En effet, la révocation
peut être prononcée *ad nutum* si les
associés s'en sont formellement réservé
la faculté dans le pacte social. (P[...]
Baratin, loc. cit. n° 288).

Mais, si les statuts sont muets à cet
égard, comment sera-t-il procédé à la
révocation, qui peut être pour causes
légitimes ou sans causes légitimes?
Deux opinions en présence : l'une ne
met, au cas de défaut d'acceptation de
la révocation par le gérant, que la décision de justice, prononçant ou refusant
la révocation ; l'autre admet la révocation prononcée par les associés à la
majorité de l'article 27, sauf au gérant
à actionner en dommages-intérêts et
les obtenir, si les motifs de la révocation
ne sont pas légitimes.

A s'en tenir aux déclarations faites au
Sénat, le 18 décembre 1924, par M. Ch[as-]
sal, ce serait la deuxième opinion, qui devrait prévaloir. Voici ces déclarations :
« La différence est peu sensible entre le
droit de révocation *ad nutum* et la révocation uniquement pour des motifs légitimes. Les associés ne sont pas tenus,
avant de procéder à la révocation, de
faire la preuve de la légitimité de leurs
griefs. Mais le gérant conserve toujours
le droit de s'adresser à la justice, s'il

roit fondé à demander des dommages-intérêts. »

Nous croyons que l'adoption de la première opinion apporterait à la marche d'une société des inconvénients particulièrement graves.

80. § 6. — *Pouvoirs prévus.* — Il reste à étudier l'étendue des pouvoirs à l'égard des associés et à l'égard des tiers.

Vis-à-vis des associés, ces pouvoirs peuvent être plus étendus que ceux résultant de la loi ; de même, les pouvoirs qui résultent de la loi peuvent être restreints. Il suffit que les statuts soient catégoriques et ne donnent lieu à aucune difficulté d'interprétation. — Mais, précisés ou non dans les statuts, les pouvoirs restent non délimités vis-à-vis des tiers. Au N° 82, nous essaierons de dégager le sens de la nullité de la limitation de l'article 24.

Il y a lieu d'examiner, d'abord pour les associés les conséquences du silence des statuts sur les pouvoirs des gérants.

81. § 7. — *Pouvoirs non prévus.* — L'étendue des pouvoirs des gérants, non délimités par les statuts, comporte une réelle difficulté.

Ces pouvoirs comprennent-ils les actes d'administration, aussi bien que les actes de disposition ?

Les uns infèrent de l'assimilation de gérance dans les sociétés ordinaires et de la gérance dans les sociétés à R. L., que, à moins de clauses spéciales des statuts, les gérants ne peuvent faire que des actes d'administration. (Dalloz, R. P. 1925-4-175). Ainsi les emprunts, libéralités, aliénations ou hypothèques d'immeubles sociaux leur sont absolument interdits.

D'autres estiment que, si les actes de disposition n'affectent pas l'ensemble du patrimoine de la société, ils sont permis aux gérants, institués sans pouvoirs délimités (Pic et Baratin, n° 292) ; même, si le but social ne peut être atteint sans l'exercice d'un pouvoir de disposition, le gérant a le droit de l'exercer. (Defrénois, n° 209).

Une troisième opinion estime qu'en présence des termes de la loi, qui ne distingue pas entre les divers pouvoirs des gérants, ces derniers ne sauraient être, en aucune façon, entravés dans leur gestion qui comporte des « pouvoirs sans limite pour l'exécution en toute circonstance des actes quelconques nécessaires au fonctionnement de la société. » Pottier, n° 73).

Pour notre part, il nous semble que la question doit être étudiée dans le sens admis pour les sociétés de personnes et pour les sociétés de capitaux. Puisque la société à R. L. participe de ces deux natures de société, ses gérants ont la latitude d'action que l'on reconnaît aux dirigeants de l'une ou de l'autre catégorie de société. Jusqu'où peut aller le gérant de la société de personnes, ira le gérant de la société à R. L. Jusqu'où peut agir le gérant de la société de capitaux, agira le gérant de la société à R. L.

Les pouvoirs non délimités du gérant de la société à R.L. n'auront donc d'autres bornes que celles fixées pour les actes des dirigeants des sociétés, auxquelles la nouvelle forme de société a demandé ses raisons d'existence.

Que peut faire, en l'absence de toutes clauses statutaires restreignant ou étendant ses pouvoirs, un gérant de société en nom collectif ? Arthuys précise que « ses pouvoirs sont déterminés par l'objet de la société », n° 240. Thaller et Pic (n°s 488 et s.), enseignent que les actes « pour atteindre le but », « réaliser dès lors l'objet social », se réfèrent : 1° aux fonctions d'autorité ; 2° à l'administration du patrimoine social ; 3° à l'exercice du commerce de la société. Mais, d'après eux, le mandat général du gérant exclut : 1° les aliénations immobilières « dont le résultat est de dénaturer la composition active du patrimoine social » ; 2° les constitutions d'hypothèques ; 3° les acquisitions d'immeubles, sans affectation de fonds spéciaux à cette opération ; 4° les donations. Quant à la transaction au compromis et à l'emprunt, leur usage donnent lieu à des interprétations judiciaires, qui guideront s'il est nécessaire, en cette matière Houpin et Bosvieux (T. des Soc., n° 221) reconnaissent la difficulté d'une distinction entre les divers pouvoirs d'administration et pouvoirs de disposition.

Que peuvent faire, en l'absence de toutes clauses statutaires, restreignant ou étendant leurs pouvoirs, les administrateurs d'une société anonyme ? Houpin (loc. cit. n° 850) leur reconnaît les mêmes pouvoirs qu'aux gérants des sociétés *intuitu personæ*. Thaller et Pic professent une doctrine identique, (n°° 1142 et s.) Arthuys admet aussi les mêmes pouvoirs (n° 545), mais en signalant que « l'art. 40 de la loi du 24 juillet 1867 interdit aux administrateurs de prendre ou de conserver un intérêt direct ou indirect dans une entreprise ou dans un marché fait avec une société ou pour son compte. »

Cette prohibition va-t-elle jouer dans la société à R. L. ? Defrénois admet, sous certaines formalités (n° 215), que le gérant traite avec la société. Pic et Baratin (n° 293) recommandent la plus grande prudence dans les faits de gestion, sociaux et personnels à la fois, accomplis par la gérance.

Tout nous paraît se résoudre à des questions d'espèce, et l'interprétation par les tribunaux fixera l'étendue des pouvoirs des gérants, s'il est nécessaire.

82. § 8. — *Droits des tiers.* — La loi déclare que « toute limitation contractuelle des pouvoirs des gérants est sans effet à l'égard des tiers ». La disposition ne comporte pas d'exception. Donc, dans la mesure où le gérant peut légalement affirmer son autorité agissante, le tiers n'a pas à se préoccuper du point de savoir si cette autorité a été restreinte ou non par les statuts, puisque la loi déclare inopérante la restriction.

Cependant suivant qu'il existe un ou plusieurs gérants, nous croyons une distinction nécessaire.

Quand il n'existe qu'un seul gérant, le tiers n'a pas à examiner si les statuts restreignent ou non la capacité contractuelle de ce gérant ; le tiers traite régulièrement à condition d'être de bonne foi. Il a été jugé que « peu importe que le tiers ait connu les dispositions statutaires qui interdisent au gérant de se faire consentir une ouverture de crédit sans autorisation du conseil de surveillance, cette clause étant sans effet à son égard. » Trib. com. Seine 12 janvier 1928, Dalloz, R. H. 1928, p. 251.

Au contraire, existe-il plusieurs gérants, la situation peut changer. Les statuts sont-ils muets sur les pouvoirs individuels, chaque gérant possède vis-à-vis des tiers la capacité générale du gérant unique (Gain, n° 55). Les statuts précisent-ils les pouvoirs du comité des gérants en exigeant une signature collective et la clause a-t-elle été régulièrement publiée, nous pensons que le tiers ne peut traiter valablement avec un seul des gérants. Si les pouvoirs étaient répartis entre les divers gérants, le tiers n'aurait pas s'arrêter à l'étendue respective des pouvoirs ; l'apposition d'une signature régulière, est la seule chose à vérifier par le tiers, à notre avis, (Rap. Pic et Baratin, 298) ; dès l'instant que la signature a été apposée par un gérant, le tiers n'a pas à vérifier les statuts quant à la nature des pouvoirs ; l'article 24 s'applique en sa faveur, ce nous semble dans ce cas.

Une étude très approfondie sur le problème de la gestion collective dans les sociétés à R. L., a paru sous la signature de M. Pic dans le Recueil Hebdomadaire de Dalloz (n° du 8 novembre 1928, p. 73.) Elle sera très utilement consultée.

83. § 9. — *Responsabilité des gérants.* — Simple mandataire d'après la loi elle-même (art. 25), le gérant ne peut être responsable de l'exécution de son mandat. C'est ce qu'a décidé un jugement du tribunal de com. de la Seine du 11 janvier 1927 (Revue des Sociétés, 1927, p. 63 ; Moniteur du Commerce et de l'Industrie, 1927, p. 156 ; Semaine Juridique, 1927 p. 429), en reconnaissant que, « de ce que la société est commerciale, il ne s'ensuit nullement que ses membres aient la qualité de commerçants, et qu'une demande en déclaration de faillite dirigée contre le gérant doit être déclarée irrecevable. »

L'article 25 est la reproduction presque textuelle de l'article 44 de la loi du 24 juillet 1867, relatif à la responsabilité des administrateurs de sociétés anonymes ; il suffit de compléter cet article 25 par le dernier paragraphe de l'article 38 punissant le fait actif de dividendes fictifs, pour conclure à l'identité d'intentions des deux législateurs de 1925 et de 1867.

Aussi la jurisprudence, provoquée par l'interprétation de l'article 44 de la loi de 1867, doit-elle s'appliquer en notre espèce.

Consulter l'étude de M. Chéron, sous le jugement du Tribunal civil de Mulhouse du 27 mars 1928, D. P. 1928-2.

Deux catégories de responsabilités :

La responsabilité civile, et la responsabilité pénale.

A) *La responsabilité civile a, d'après l'article 25, trois causes :*

1° Infractions aux dispositions de la loi, notamment. — 1° nullité dans la constitution de la société. — 2° nullité à raison des formalités de publicité. — 3° oubli des prescriptions des articles 26, 29 (convocation d'assemblées) 27 (consultation des associés), 30 (communication des pièces).

2° Violation des statuts. — Les statuts ayant force de loi doivent être respectés par les gérants, qui ont mission de les appliquer.

3° Fautes commises dans la gestion : on trouve, la base de la responsabilité de ce chef envers la société, les associés et les tiers, dans les articles 1850, 1992, 1382 et 1383 du C. c.

B) *Quelques principes pour la responsabilité civile ?*

1° Cette responsabilité se graduera d'après la gratuité ou l'importance plus ou moins grande du salaire.

2° Elle est individuelle ou collective.

3° Elle met en mouvement l'action sociale ou individuelle.

4° Elle est du ressort du Tribunal de commerce, sauf au cas d'action par un tiers non commerçant, qui peut agir devant le Tribunal civil.

5° Elle se prescrit par 30 ans.

C) *La responsabilité pénale a sa source :*

1° Dans les délits par application du droit commun.

2° Dans l'article 37. — souscription publique de valeurs ouverte directement ou par personne interposée. — Amende de 500 à 10.000 fr. et emprisonnement de 15 jours à six mois ou l'une des 2 peines seulement. — (Circonstances atténuantes possibles, art. 463 du Code pénal.) Prescription triennale, art. 638. C. Instr. crim.

3° Dans l'article 38 : — distribution de dividendes fictifs en l'absence d'inventaire, ou avec inventaire frauduleux. — art. 405 du Code pénal. — (Circonstances atténuantes possibles, art. 463 du Code pénal.) Prescription triennale, art. 638. C. Instr. crim.

Comment les gérants constateront-ils la réalité de leurs actes, et aussi leur régularité, pouvant prévenir toute responsabilité ?

Si les statuts ne le prévoient pas, on a conseillé la tenue d'un registre, régulièrement daté et signé, où s'inscrira la suite de la vie sociale, avec toutes ses circonstances. Il y aura là un élément d'appréciation au cas de difficultés litigieuses.

D'autre part, dans l'hypothèse de pluralité de gérants et de défaut d'entente pour une opération déterminée, il est conseillé au gérant protestataire d'user du droit d'opposition sans qu'il soit possible de préjuger des effets de la protestation, sinon pour conclure à une atténuation de responsabilité.

Enfin, si, dans les rapports avec les tiers, il n'est pas possible d'arrêter une action judiciaire autrement que par une transaction écrite sur le conflit soulevé, le quitus régulier par approbation des comptes fait cesser la responsabilité des gérants envers la société et les associés.

CHAPITRE II.

Surveillance de la gérance.

84. Art. 30 de la loi : « Tout associé peut, par lui ou par un fondé de pouvoir, prendre au siège social communication de l'inventaire, du bilan et du rapport du conseil de surveillance constitué conformément à l'article 32.

« Dans les sociétés de plus de vingt membres, cette communication ne sera permise que pendant les quinze jours qui précéderont cette assemblée générale. »

Art. 32 de la loi : « Dans toute société à responsabilité limitée comprenant plus de vingt associés est établi un conseil de surveillance, composé de trois associés au moins.

« Ce conseil est nommé dans l'acte de société. Il est soumis à la réélection aux époques déterminées par les statuts.

« Les pouvoirs du conseil de surveillance sont déterminés par l'article 10, alinéas 1 et 2, de la loi du 24 juillet 1867.

« Les membres de ce conseil n'encourent aucune responsabilité à raison des actes des gérants et de leurs résultats.

« Chaque membre du conseil de surveillance est responsable, soit envers la société, soit envers les tiers, de ses fautes personnelles dans l'exécution de son mandat. »

Art. 10, alinéa 1 et 2 de la loi du 24 juillet 1867 :

« Les membres du conseil de surveillance vérifient les livres, la caisse, le portefeuille et les valeurs de la société.

« Ils font, chaque année, à l'assemblée générale, un rapport dans lequel ils doivent signaler les irrégularités et inexactides qu'ils ont reconnues dans les inventaires, et constater, s'il y a lieu, les motifs qui s'opposent aux distributions des dividendes proposées par le gérant. »

85. *Sociétés de moins de 21 membres.* — Au point de vue de la surveillance de la gérance, il y a lieu de distinguer deux catégories de sociétés, — les sociétés de moins de vingt et un membres, et les sociétés de plus de vingt membres.

Les premières ne sont pas formellement visées par la loi ; mais le droit de communication, réservé par l'article 30 aux deux catégories d'associés, permettra aux associés de la première catégorie de connaître l'inventaire et le bilan, ce qui suppose aussi un droit d'examen de tous les documents servant de base à l'inventaire et au bilan. Au surplus, le paragraphe 2 de l'article 30 n'accordant aux associés de la deuxième catégorie qu'un délai de quinze jours avant l'assemblée générale, on en conclut que la communication peut être requise toute l'année par les associés de la première catégorie, et que partant il y aura une surveillance effective de toute l'année.

Un fondé de pouvoirs pourrait être nommé ; ce qui, avec de trop nombreux associés, (au-dessous de 21) éviterait un contrôle individuel trop énervant pour la gérance.

Il conviendrait d'ailleurs, au cas d'associés nombreux, d'instituer par les statuts un conseil de surveillance avec des pouvoirs bien déterminés, et en toute hypothèse, de régler l'exercice du droit individuel de surveillance des associés.

86. *Sociétés de plus de vingt membres.* — Pour les sociétés de plus de vingt membres, un conseil de surveillance de trois membres au moins est imposé par la loi.

...ligation absolue : 1° de nommer le ...mier conseil dans l'acte même de la ...ciété ;

2° D'en choisir les membres (trois au ...moins) parmi les associés, et de les rem...placer s'ils perdent la qualité d'asso...ciés.

...est l'assemblée générale annuelle, ...qui nomme les membres du conseil de ...surveillance en cours de société ; il ...pourrait être prévu aux statuts qu'en ...attendant cette assemblée le conseil ...comblerait le vide par une nomination ...provisoire.

La durée du mandat n'est pas limitée ...par la loi. Il y a doute sur la possibilité ...de révocation *ad nutum* ; certains au...teurs n'admettent que la compé...tence du tribunal en cette matière.

...Les pouvoirs du conseil de surveil...lance sont permanents. Ses droits de ...vérification s'exercent à sa volonté. Mais ...il ne peut s'immiscer dans la gestion, à ...la responsabilité de laquelle il ne par...ticipe pas.

Le conseil est obligé de présenter à ...l'assemblée un rapport, dressé en con...formité de la règle de l'article 10, para...graphe 2, de la loi de 1867, et qui est ...tenu à la disposition des associés quinze ...jours avant la réunion de l'assemblée ...générale.

Le conseil de surveillance a un droit ...de convocation de l'assemblée générale, ...ordinaire ou extraordinaire, suivant les ...circonstances (art. 29).

Quant à la responsabité, qui est en ...principe personnelle, elle résulte de la ...violation des engagements du mandat ...ou de la mission.

L'article 32 *in fine* prévoit aussi une ...responsabilité à l'égard des tiers ; mais ...cette responsabilité ne résulte pas ...d'un contrat que ces derniers pour...raient invoquer ; elle aura sa source ...dans les articles 1382 et 1383 du C. c., ...si le conseil a accompli un acte ou ...a laissé par fraude ou négligence ...accomplir un acte dommageable à au...trui.

CHAPITRE III

DE LA COLLECTIVITÉ DES ASSOCIÉS.

87. Article 26. « Les décisions sont prises en assemblée. Toutefois, la tenue d'une assemblée n'est pas nécessaire quand le nombre des associés n'est pas supérieur à vingt. Dans ce cas, chaque associé recevra le texte des résolutions ou décisions à prendre expressément formulées et émettra son vote par écrit. »

Art. 27. — « Aucune décision n'est valablement prise dans les cas prévus par l'article précédent qu'autant qu'elle a été adoptée par des associés représentant plus de la moitié du capital social. Sauf stipulation contraire dans les statuts, si le chiffre n'est pas atteint à la première consultation, les associés sont convoqués une seconde fois, par lettres recommandées, et les décisions prises à la majorité des votes émis, quelle que soit la portion du capital représenté. »

Art. 28. — « Nonobstant toute clause contraire de l'acte de société, tout associé peut prendre part aux décisions. Chaque associé a un nombre de voix égal au nombre de parts sociales qu'il possède. »

Art. 29. — « Dans les sociétés comptant plus de vingt associés, il doit être tenu, chaque année au moins une assemblée générale à l'époque fixée par les statuts.

« D'autres assemblées peuvent toujours être convoquées par le ou les gérants, à leur défaut par le conseil de surveillance s'il en existe un, et, à défaut de celui-ci, par des associés représentant plus de la moitié du capital social. »

Art. 30. — « Tout associé peut, par lui ou par un fondé de pouvoir... » (voir chapitre précédent.

Art. 31. — « Les associés ne peuvent, si ce n'est à l'unanimité changer la nationalité de la société. Toutes autres modifications dans les statuts, sauf modifications contraires, sont décidées à la majorité des associés représentant les trois quarts du capital social. Toutefois, dans aucun cas, la majorité ne peut obliger un des associés à augmenter sa part sociale. »

88. Les associés, qui sont les propriétaires de l'actif social, ont nécessairement un droit de décision et de disposition que la loi a voulu régler suivant le nombre des adhérents au pacte social. Mais ce droit de décision et de proposition ne comporte pas à l'encontre des gérants un droit d'immixtion dans leur gestion.

Il faut examiner la situation par rapport à la société, ayant moins de 21 membres, et par rapport à la société, composée de plus de 21 membres.

Si, au point de vue du conseil de surveillance et du mode de votation et de convocation des associés, il y a des règles différentes, qui seront soulignés, on notera les nombreux points de ressemblance, les uns d'ordre général, les autres procédant de la loi, qui existent entre les deux catégories de sociétés.

89. § 1. — *Considérations générales.* — Au point de vue général, que ce soit un ordre du jour, ou qu'il s'agisse de questions posées, la précision la plus grande est exigée sur l'exposé des décisions à prendre.

Malgré le silence de la loi, il paraît opportun qu'il soit nommé un président des assemblées, quand elles se réuniront, pour la première catégorie, et en tous les cas, pour la seconde.

Toujours, malgré le silence de la loi, des procès-verbaux seront dressés pour les décisions prises ; et il sera prudent d'établir soit dans ces procès-verbaux soit séparément des listes régulières de votants et de présents.

Pour la première catégorie, et le vote se produisant par écrit, le mandat, d'après certains auteurs, ne serait pas permis. Nous ne saurions admettre cette thèse ; car il peut exister des cas nombreux où l'empêchement matériel liera la volonté de l'associé ; pourvu que le mandat soit bien spécialisé, et pour les deux catégories de sociétés, les délégations de pouvoirs nous semblent licites.

Tout associé peut prendre part aux décisions. Son droit de vote est intangible (art. 28, 1re phrase). Il est indivisible.

Quant à l'étendue du droit de vote, elle se mesure au nombre de fois qu'une part contient la somme de cent francs (art. 6). Ce chiffre de cent fixe la part sociale ; les voix de chaque associé correspondent à ce chiffre ou à son multiple (art. 28, 2e phrase). (*Contra*, Pic et Baratin, n° 362). Sur le texte lui-même de l'art. 28, et en admettant qu'on ne veuille pas reconnaître à la simple lecture que la part sociale visée est la part type de la loi, c'est-à-dire la part de 100 fr., on croit devoir rappeler les observations de M. Manceau à la Commission de la Chambre au sujet d'une limitation proposée du nombre des voix. M. Manceau disait : « Votre Commission n'a pas cru devoir limiter le nombre des voix d'un associé. Elle a pensé avec raison, toujours en conformité avec le vœu exprimé dans le projet de loi de MM. Maillard et Bureau, que les sociétés à responsabilité limitée pouvaient ouvrir facilement la porte à une participation des ouvriers dans les bénéfices d'une entreprise. Il serait fâcheux, dans ces conditions, d'exposer un patron à n'être plus le maître chez lui, uniquement parce qu'il aura voulu associer son personnel à ses affaires. » Mais, ces considérations excluent le calcul par tête ; car l'hypothèse devait être rare où un patron, presque toujours seul propriétaire de l'actif social, penserait à diviser son apport en fractions de 100 fr.

Quoiqu'il en soit, les contractants ne seraient pas les maîtres de modifier la seconde règle de l'art. 28 ; cette solution est d'ailleurs contestée.

La nullité des décisions prises irrégulièrement pourrait être provoquée.

Il est conseillé de prévoir dans les

statuts la manière la plus claire de réaliser les opérations envisagées, de façon à prévenir dans les limites légales les difficultés, qui naissent de l'obscurité de la loi.

90. § 2. — *Objets des décisions d'associés.* — Il résulte des textes reproduits en tête de ce chapitre et des principes que la réunion des associés, se manifestant dans les conditions autorisées, a le contrôle des actes de la gérance et l'approbation de ses comptes.

La nomination et la révocation des gérants lui appartiennent.

La nomination du conseil de surveillance est de son ressort.

La réunion des associés a la possibilité d'autoriser la gérance à faire les actes de disposition, qui lui sont interdits.

Sous des conditions déterminées, elle a, en matière de modifications statutaires, le champ le plus large, puisque même le changement de nationalité et l'augmentation de part sociale sont permis à l'unanimité.

Notamment, la durée, la modification de la raison sociale ou de l'objet, le changement du siège social ou de forme, la fusion avec ses diverses combinaisons, la cession de parts (art. 22), la vente ou l'apport sont des actes licites avec une majorité spéciale.

Quant à l'augmentation du capital, et à sa réduction, elles comportent adhésion unanime ou adhésion d'une majorité, suivant que leur réalisation aura pour effet ou non d'augmenter le risque ou la charge de l'associé.

91. § 3. — *Collectivités de moins de 21 et de plus de 20 membres.* — La décision de la collectivité (moins de 21 membres, ou plus de 20 membres), est prise soit en assemblée générale ordinaire, soit en assemblée générale extraordinaire.

a) Cependant, la tenue de ces assemblées n'est pas obligatoire pour les sociétés de moins de 21 membres. Le vote par correspondance est admis à

leur égard ; mais la nature de ces sions, leur efficacité et le calcul des votes restent les mêmes pour les deux catégories de collectivité (art. 26).

Si, relativement aux collectivités d'associés, de moins de vingt et un membres la nécessité d'une assemblée n'est pas imposée par la loi, il ne fait pas douté que les statuts pourraient l'exiger.

Pour elles, la consultation par correspondance remplace l'assemblée, et elle se produit toutes les fois que la loi oblige à une assemblée, s'agissant de la collectivité de plus de 20 membres.

La lettre de consultation sera envoyée soit par la gérance (art. 26 et 29), soit par le conseil de surveillance, soit par un groupe d'associés, représentant la moitié du capital social (art. 29) La recommandation de cette lettre est conseillée.

La loi veut que les résolutions à prendre soient expressément formulées ; pas de doute, pas d'ambiguïté dans les questions posées. La réponse devra être donnée catégorique, avec la même précision. Mais il est regrettable que la loi n'ait pas fixé de délais pour l'envoi des demandes et des réponses. Les statuts devront en prévoir, s'ils n'exigent pas des réunions d'assemblées.

Les questions à examiner peuvent être du ressort des assemblées ordinaires ou des assemblées extraordinaires, admises par les statuts, ou obligatoires pour les collectivités de plus de 20 membres.

Cependant, si l'article 26 a posé la règle possible du vote par correspondance, quand le nombre des associés n'est pas supérieur à vingt, l'article 27, relatif à des décisions du ressort des assemblées ordinaires, a formellement visé les deux catégories de collectivités, tandis que l'art. 31, relatif à des décisions du ressort des assemblées extraordinaires, ne fait aucune allusion au vote par correspondance.

Le résultat des votes fera l'objet d'un procès-verbal dressé par la gérance, qui aura le soin d'y annexer toutes les réponses écrites, et qui pourra dépose le dossier soit dans les archives sociales, soit chez un notaire, sans oublier la publicité utile, s'il y a lieu.

b) Si la collectivité comprend plus de 20 membres, l'assemblée est obligatoire. Il doit être tenu, chaque année, au moins une assemblée générale à l'époque fixée par les statuts.

Le droit de convocation appartient en premier lieu à la gérance, puis au conseil de surveillance et enfin, à leur défaut, à un groupe d'associés, représentant plus de la moitié du capital social (art. 29).

La forme de la convocation n'est pas prévue par la loi; les statuts la préciseront.

Le législateur a aussi oublié les délais; cependant, quant aux assemblées visées par l'article 30, un délai de 15 jours préalable ayant été fixé pour l'exercice du droit de communication, la convocation doit être envoyée en conséquence.

La tenue du bureau de la réunion est réglée par l'assemblée. L'ordre du jour doit être observé et suivi. Si le quorum n'est pas atteint, la réunion n'a pas lieu.

Le procès-verbal est signé par tous les membres présents. La publicité qui peut comporter la décision prise et l'exécution de cette décision seront assurés par la gérance dûment habilitée.

92. § 4. — *Communications.* — A l'effet de prendre, en connaissance de cause, toutes décisions utiles à la vie sociale, les associés ont le droit de communication, au siège social, pour l'inventaire, le bilan et le rapport du conseil d'administration. Dans les sociétés de plus de 20 membres, la communication n'est permise que pendant les 15 jours précédant l'assemblée générale. Pour les sociétés de moins de 21 membres, et au cas de refus de la gérance, qu'il y ait ou non convocation d'assemblée générale, l'obligation de communication existe aussi, réglementée au besoin par le Tribunal de commerce.

La nullité de l'assemblée est la conséquence du refus de communication; l'inexistence des pièces serait équivalente à un refus.

93. § 5. — *Décisions du ressort des assemblées ordinaires, et décisions du ressort des assemblées extraordinaires.* — Sous le bénéfice de l'observation relative à la différence de convocation et à la manifestation du vote, au cas de silence des statuts, on pose en principe qu'il existe pour les deux catégories de société (plus de 20 membres et moins de 21 membres):

identité de pouvoirs,

et identité de calcul des votes,

aussi bien pour les affaires du domaine des assemblées ordinaires que pour celles du domaine des assemblées extraordinaires.

a) Ressort des assemblées ordinaires. L'assemblée ordinaire a, dans ses attributions, la nomination et la révocation des gérants, la nomination du conseil de surveillance, la vérification annuelle des comptes de gérance, l'autorisation aux gérants des actes de disposition, les quitus, etc...

1re délibération. — La décision doit être prise « par des associés représentant plus de la moitié du capital social ».

Le texte ne suppose qu'un calcul en capital.

Il paraît trop clair pour y ajouter un calcul de voix.

La doctrine est très divisée.

Si la décision réunit la majorité voulue, il suffit d'en dresser un procès-verbal. Si non, il y a lieu à 2e délibération.

2e délibération. — Ici, la décision sera prise « à la majorité des votes émis, quelle que soit la portion du capital représenté ».

La majorité des voix est seule admise.

On fait remarquer que les statuts peuvent apporter à ce dernier mode de votation telles modifications que le voudront les associés.

b) Ressort des assemblées extraordinaires :

Les changements de nationalité et l'augmentation des engagements sociaux nécessitent l'unanimité des actionnaires.

Quant aux modifications statutaires, et sauf stipulation contraire du pacte social, elles sont décidées « à la majorité des associés représentant les trois quarts du capital social » (art. 31).

Donc, ici, majorité en nombre et majorité en capital.

La majorité en nombre doit-elle être calculée d'après le nombre total des associés et non pas seulement d'après le nombre des associés présents à l'assemblée ? ou encore, d'après le nombre de voix ou de parts des associés ?

Nous revenons toujours au texte ; il dit : « la majorité des associés » ; donc, c'est du nombre total des associés qu'il s'agit.

En présence de cette difficulté particulière d'interprétation, on serait incité à user de la faculté donnée par l'article 31 de la loi, qui admet « la stipulation contraire des statuts ». Or, d'après certains auteurs, la seule modification, la seule stipulation contraire des statuts doit être celle qui limitera les pouvoirs de l'assemblée. Cependant, cette opinion, basée sur des rapprochements avec l'article 31 de la loi de 1867, rencontre des adversaires, qui s'appuient sur une déclaration de M. Chapsal au Sénat, pour déclarer que les stipulations portent sur « l'adoption de la décision » donc sur « la votation ». Après avoir rapporté le texte concernant la majorité, cet honorable sénateur a ajouté « l'art. 31 admet la possibilité de clauses contraires dans les statuts » (Defrénois 278). Il nous semble que si les arguments de part et d'autre sont défendables, ils n'emportent pas la conviction, et qu'il faut attendre une décision de justice pour être sûr de la règle.

c) *Assemblées spéciales* :

Ce sont celles prévues par l'article 22, qui, pour les cessions de part à un étranger exige le « consentement de la majorité des associés, représentant au moins les trois quarts du capital social ».

Le quorum doit se fixer comme dans l'article 31. Mais, ici on ne retrouve pas la difficulté que provoque, pour l'article 31, l'expression « sauf stipulation contraire ».

CHAPITRE IV

RÉPARTITION DES BÉNÉFICES

94. Art. 33. — « Il est fait annuellement sur les bénéfices un prélèvement d'un vingtième au moins affecté à la formation d'un fonds de réserve.

Ce prélèvement cesse d'être obligatoire lorsque le fonds de réserve a atteint un dixième du capital social. »

Art. 34. — « Il peut être stipulé dans l'acte de société, mais seulement pour la période de temps nécessaire à l'exécution des travaux qui, d'après l'objet de la société, doivent précéder le commencement de ses opérations, que les associés auront droit à des intérêts à un taux déterminé même en l'absence de bénéfices. L'acte de société déterminera cette période.

« Cette clause doit, à peine de nullité, être insérée dans l'extrait de l'acte de société publié dans un journal d'annonces légales en vertu de l'article 13.

« Le montant des intérêts ainsi payés doit être compris parmi les frais de premier établissement et réparti avec ces frais, suivant le mode et le délai que doivent fixer les statuts, sur les années qui présenteront des bénéfices. »

Art. 35. — « La répétition des dividendes ne correspondant pas à des bénéfices réellement acquis est admise contre les associés qui les ont reçus.

« L'action en répétition se prescrit par 5 ans à partir du jour fixé pour la distribution des dividendes. »

Art. 37. — « Sont punis des peines portées par l'art. 405 du Code pénal, sans préjudice de l'application de cet article à tous les faits constitutifs du délit d'escroquerie : . . . .

« Les gérants qui en l'absence d'inventaire ou au moyen d'inventaires frauduleux, ont opéré entre les associés la répartition de dividendes fictifs. »

95. § 1. — *Livres de commerce.* — Les résultats des actes sociaux, quotidiens ou à échéance espacée, se trouvent constatés par les livres de commerce que le Code a prévus. Le résumé de ces résultats doit être annuel, d'après l'article 9 du Code de commerce; l'article 3 de la loi de 1867 prescrit pour les sociétés anonymes un état semestriel sommaire de la situation active et passive; l'article 30 sur les sociétés à R. L. exige communication de l'inventaire, du bilan et du rapport se complètera par les articles 8 et 9 du Code de commerce.

La société tiendra les livres prescrits par le Code: un livre journal, un livre d'inventaire et un livre de copie de lettres.

L'article 11 du Code de commerce veut que les livres commerciaux obligatoires soient cotés, paraphés et visés, soit par un des juges des tribunaux de commerce, soit par le maire ou un adjoint, dans la forme ordinaire et sans frais.

L'article 10 du même Code exige le paraphe et le visa annuel du livre journal et du livre d'inventaire, et la tenue des autres livres obligatoires, par ordre de date, sans blancs, lacunes, ni transports en marge.

D'après le Guide Marabout [illegible] commissaires de sociétés de M. Gabriel Faure (Ga[illegible], [illegible]), les livres de commerce devraient être arrêtés [illegible] fois par an; mais cette formalité, souhaitable de plus en plus en désuétude. L'observation d'une règle édictée par le législateur s'impose en principe. Tout citoyen jaloux d'agir avec régularité, il faut reconnaître qu'aucune sanction rigoureuse ne menace le commerçant qui n'aurait pas cru devoir faire viser leurs livres. Des écritures quelconques pourraient, en matière commerciale, être soumises à l'appréciation des tribunaux en cas de litige ([illegible] Cr. com. — 1358 C. civ.). Un arrêt de la cour de cassation (3 janv.

[illegible] 1860, S. 60, 1. 380) a posé [illegible] qui est aujourd'hui hors de discussion.

Mais la Chambre des Requêtes a [illegible] nu « que seules, les écritures contenues dans les livres obligatoires et [illegible] sont de nature à constituer le titre susceptible de faire preuve en [illegible] qu'exige l'article 3 de la loi du [illegible] 1901 pour permettre la déduction des dettes commerciales dans la liquidation des droits de mutation, par [illegible] (Arrêt du 15 juin 1917, R. E. 668[illegible]).

Cette décision concerne aussi [illegible] défaut de tenue de livres par le [illegible] que l'irrégularité des livres d'un [illegible]

Donc, en admettant même que [illegible] gularité des livres ne puisse engager en aucun cas, aucune responsabilité, une société créancière pourrait rendre réel service à son débiteur par la [illegible] régulière de ses livres.

96. § 2. — *Le bilan et le compte profits et pertes.* — A la différence de la loi de 1867 qui, dans son article [illegible] voulait un bilan et compte de profits et pertes, la loi de 1925 exige le seul bilan.

Le compte des profits et pertes [illegible] annexe, une conséquence du bilan [illegible] qu'en fait d'après Batardon, « les [illegible] débiteurs et créditeurs de la balance d'inventaire constituent le bilan [illegible] que le solde du compte « pertes [illegible] pris » représente le bénéfice net ou la perte nette suivant qu'il est débiteur ou créditeur » (les Sociétés Commerciales, [illegible] E. Batardon, 2 vol., p. 258).

[illegible] formules [illegible] ni très claires et nous ne pouvons que les recommander dans une mesure [illegible] pourra [illegible] trouver trop de détails ou des formules générales, difficilement compréhensibles, et qui nécessitent commandé une estimation rigoureuse des divers éléments du fonds social.

Les auteurs, qui et à [illegible] sont déclarés les défenseurs de la petite épargne française, [illegible] merci de financiers, toujours habiles à éviter les chutes correctionnelles [illegible]

[illegible] au Parlement français le vote [illegible] proposition ci-après :

[illegible] outer à l'article 61 in fine (de la [illegible] 26 juillet 1867) les dispositions [illegible] :

[illegible] bilans des sociétés par actions de- [illegible] être établis sur les bases suivantes :

[illegible] — A l'actif figureront avec une ins- [illegible] spéciale pour chaque nature de [illegible] :

[illegible] valeurs immobilisées pour leur [illegible] de revient, (les amortissements [illegible] figurer au passif).

[illegible] — Au passif, le bilan comprendra :

[illegible] Le capital ;

[illegible] Les comptes des tiers créanciers ;

[illegible] amortissement détaillé de cha- [illegible] valeur immobilisée ». (Pic, t. 11, [illegible] 659.)

[illegible] établir un bilan aussi régulier [illegible] possible, il y aura lieu de tenir [illegible] des termes de cette proposition.

[illegible] 53. — *Résultats actifs sociaux.* — [illegible] conséquences d'un bilan et d'un [illegible] de profits et pertes, au point de [illegible] résultat actif », mettent en jeu les [illegible] : 1° de l'intérêt du capital social ; [illegible] réserves ; 3° des bénéfices.

[illegible] intérêts du capital social.

[illegible] l'arrêt de Cassation du 15 nov. [illegible] (D. p., 1912.1.97.), le savant pro- [illegible] de la Faculté de droit de Paris, [illegible] Percerou donne son opinion sur la [illegible] de la clause, dite d'intérêts fixes, [illegible] sur sa publicité. Nous ne citons [illegible] opinion qu'en tant qu'elle se réfère [illegible] validité. Voici la clause, qui était [illegible] : « Les frais généraux de toute [illegible] seront à la charge de la société, [illegible] les frais généraux seront compris [illegible] intérêts à 6 0/0 l'an du fonds social, [illegible] en aucun cas, ne pourrons être [illegible] ». Elle permet de payer un inté- [illegible] fixe, même en l'absence de bénéfices. [illegible] Percerou commente : « En France, [illegible] validité intrinsèque de cette clause ne [illegible] aujourd'hui plus de doute ; prise en [illegible] même, elle est tenue pour valable, [illegible] bien dans la société en comman- [illegible] par intérêt que dans les sociétés par actions par une jurisprudence, qui remonte déjà à un certain nombre d'années. (Civ., 8 mai 1867, D. P. 67.1.193, avec la note en sens contraire de Beudant ; Douai, 9 avril 1879, D. P. 79.2.320 ; Civ., 8 mars 1881, D. P. 81.1.198. V. en ce sens, Labbé, S. 78.2.225 ; Pont, Traité des Sociétés, t. 2, n° 1456, 1490 ; Lyon-Caen et Renault, op. cit., t. 2, n° 555 ; Houpin, op. cit. 1, n° 726. *Contra* : Beudant, loc. cit. ; Demangeat, S. 81.1.257.) En l'absence de toutes dispositions légales restrictives sur ce point, les arrêts admettent même la validité de cette stipulation d'une façon beaucoup plus large que dans certains pays étrangers : ainsi, en Allemagne, elle ne peut produire effet que dans les sociétés par actions, et encore seulement pour la période du début, durant laquelle la société est obligée de construire (d'où le nom de Bauzinsen) son instrument d'exploitation avant de pouvoir le mettre en œuvre et d'aborder la phase d'exploitation productive de bénéfices (art. 215 du Code de commerce allemand de 1897.) La loi française ne consacre aucune restriction de ce genre. »

Or, précisément, l'article 34 de la loi sur les sociétés à R. L. a consacré une restriction.

La clause de stipulation d'intérêts, pour la seule période de temps nécessaire à l'exécution des travaux utiles aux premières opérations sociales, peut être insérée dans les statuts de la S. R. L.

Mais alors : 1° Il faut déterminer la période d'exécution.

2° Du jour du commencement de l'exploitation, le capital n'est plus rémunéré que par les dividendes.

3° Les intérêts ne sont imputables que sur des années bénéficiaires, dans les délais prévus aux statuts.

On discute sur certains points. Au cas où la période d'exécution des travaux serait plus courte que celle fixée aux statuts, les intérêts s'arrêteraient-ils dès la fin des travaux ?

Un dividende pourrait-il être distribué avant l'amortissement intégral des intérêts, au cas où les intérêts n'auraient pas pu être amortis dans la période prévue aux statuts ?

La négative paraît plus logique dans les deux situations.

b) Réserves.

Le bénéfice net de la société est l'excédent de l'actif sur le passif, ou mieux, le reliquat du produit brut de la société après la déduction des frais généraux et des charges sociales.

Sur le bénéfice net, et à l'exemple de l'article 36 de la loi de 1867, l'article 33 impose la formation d'un fonds de réserve qui sera constitué par le prélèvement d'un vingtième annuel, cessant d'être obligatoire lorsque le fonds de réserve aura atteint un dixième du capital social.

Au cas d'augmentation du capital social, ou si le fonds de réserve se trouve entamé à raison de déficits, la réserve, dont on aurait cessé d'alimenter le fonds, devra être servie à nouveau.

D'ailleurs, la réserve ne comporte pas une affectation spéciale en valeurs déterminées ; mais elle ne doit jamais être employée à la distribution de dividendes.

Il peut être formé, pour l'emploi des bénéfices, des réserves de nature particulière, mais qui n'ont d'autre force obligatoire que celle résultant des statuts ou des décisions de la collectivité.

c) Bénéfices.

La distribution des bénéfices sociaux est réglée par les statuts.

Dès qu'un dividende est mis en distribution, le bénéficiaire a un droit formel sur ce dividende ; mais, si le bénéficiaire ne réclame pas son dû dans les 5 ans du jour de l'époque fixée pour le payement, la prescription quinquennale de l'article 2277 C. civ. lui est opposable. Or, c'est à la société que profite la prescription, et non pas à l'Etat, qui ne peut invoquer ici en sa faveur la prescription de l'article 111 de la loi du 25 juin 1920, puisque cette dernière loi ne vise pas les parts sociales.

Le dividende doit provenir d'opération accomplie, et être définitivement acquis et réalisé.

Si le dividende ne procède pas de cette règle, s'il est réparti en l'absence d'inventaire, ou au moyen d'un inventaire frauduleux, il est reconnu fictif.

Or, de bonne ou de mauvaise foi, l'actionnaire est soumis à l'action en restitution du dividende fictif à lui distribué, et cela pendant cinq ans à partir du jour de la distribution.

D'autre part, le gérant, qui, en l'absence d'inventaire, ou au moyen d'inventaires frauduleux, a opéré des répartitions fictives, reste sous le coup de l'article 38 de la loi de 1925, et durant trois ans.

Quant aux autres faits de distribution fictive, ils motiveront de la part des gérants une responsabilité civile, dont la durée paraît devoir être trentenaire.

TROISIÈME PARTIE

DISSOLUTION ET LIQUIDATION DE LA SOCIÉTÉ.

CHAPITRE Ier.

DISSOLUTION.

98. La vie de la société peut s'interrompre soit par suite d'un événement prévu aux statuts et qui ne sera pas un de ceux auxquels l'article 36 ne reconnaît pas le pouvoir de dissolution, soit par une circonstance qui résulte de la loi, du droit commun.

99. Art. 36. — « La Société n'est point dissoute par l'interdiction, la faillite, la déconfiture ou la mort d'un des associés, sauf en ce dernier cas, stipulation contraire des statuts ».

100. § 1er. — *Dissolution. Inexistence ou événements de dissolution.* — Nous avons à examiner au sujet de l'inexistence, de la mort, de la disparition de la société, trois faits susceptibles de se produire successivement (ce qui est le « plerumque fit »), mais dont les deux derniers peuvent chacun être le terme,

La première opération sera la dissolution ;

La deuxième... la liquidation ;

La troisième... le partage.

Si, en principe, toutes les causes de dissolution, qui frappent d'habitude les sociétés, sont applicables, dans le silence de la loi, à la Société à R. L., l'article 36 excepte formellement de ces causes pour la Société à R. L., l'interdiction, la faillite, la déconfiture ou la mort d'un des associés, sauf, toutefois, en ce dernier cas, une stipulation contraire des statuts.

Il est d'évidence que, si l'un des événements prévus par l'article 36 atteignait un des gérants, et si, d'autre part, la société devait en ce cas continuer ses opérations, le gérant serait à remplacer. En cas de mort, la question ne se pose même pas ; pour les autres événements, la cessation du pouvoir du gérant devrait être immédiate.

101. Le fait pour un associé de réunir entre ses mains toutes les parts sociales amène nécessairement la dissolution. Dans notre droit français c'est une règle de bon sens, puisque société veut dire réunion de plusieurs personnes, et pour le moins de deux personnes. L'unité comporte l'inexistence de la société. Cet état de choses amènera la liquidation, mais non pas le partage. Cependant, il est recommandé au possesseur unique de toutes les parts de n'agir au nom de la société que dans les limites des dernières opérations sociales..., de leur liquidation. Il risquerait, autrement, d'engager sa responsabilité civile et sa responsabilité pénale.

Se rapproche de cette hypothèse le mariage d'une femme, faisant partie d'une société à responsabilité limitée, avec son unique co-associé. La société se trouve dissoute immédiatement.

Nous savons que certaines irrégularités, certaines infractions entraînent la nullité, donc l'inexistence de la société, et comme conséquence la dissolution et la liquidation d'un état d'indivision assi-milable à une société de fait (Defrénois, 331).

Ces points précisés, quels seront les cas de dissolution ?

102. *Cas de dissolution.* — Nous avons : *a)* d'abord les cas prévus par l'article 1865 C. ci, et qui ne sont pas exclus par l'article 36 de la loi ;

b) en second lieu les cas, prévus par les clauses statutaires et ceux procédant d'événements interruptifs de nature spéciale ;

c) en troisième lieu les cas, résultant des justes motifs de l'article 1871 C. civ.

Nous allons leur consacrer une rapide étude.

103. § a) *Dissolution de l'article 1865 du C. c.* — La société finit, d'après l'article 1865 :

1° Par l'expiration du temps pour lequel elle a été contractée ;

2° Par l'extinction de la chose, ou la consommation de la négociation ;

3° Par la mort naturelle de quelqu'un des associés ;

4° Par *la mort civile*, l'interdiction ou la déconfiture de l'un d'eux ;

5° Par la volonté qu'un seul ou plusieurs expriment de n'être plus en société.

Nous constatons, d'abord, que le n° 3, « mort naturelle de quelqu'un des associés » n'est accepté, en matière de société à R. L., qu'à la condition d'être prévu aux statuts, et que le n° 4, interdiction ou déconfiture, ne peut avoir, en la même matière, aucun effet.

104. 1° *L'expiration du temps, pour lequel la société a été contractée.*

Le délai prévu arrête le cours de la société, et non pas le cours de ses affaires entamées, qu'une liquidation mènera à bien après l'expiration de la vie sociale.

Cependant, il peut être stipulé aux statuts que la société sera prorogée au-delà du délai prévu, moyennant des conditions déterminées.

Les statuts, même seraient-ils muets sur la prorogation, elle peut être votée par l'assemblée extraordinaire (Defrénois, n° 282 ; Pottier, 148).

Mais, quid si, le délai étant expiré, et la société ayant persisté comme société de fait, sans liquidation, les associés décident une prorogation ? Cette prorogation marque-t-elle bien la continuation de l'ancienne société ? La réponse est bien simple, d'après Pic et Thaller, n° 562 : « Il ne saurait être question de prorogation, au sens véritable du mot, que si la convention tendant à prolonger le pacte social au-delà de son terme statutaire, intervient *avant* cette dernière date. Une convention postérieure à cette date, même qualifiée de prorogation, donnerait, en réalité, naissance à une société *nouvelle* » (Arthuys, 747, Houpin, n°s 169 et 171).

Les conséquences d'un défaut régulier de prorogation sont très graves dans certaines circonstances et surtout au point de vue fiscal. L'Administration de l'Enregistrement tient en principe pour non légalement prorogée la société, qui déclare la prorogation après le délai. Elle a fait ainsi juger, le 4 mai 1922, par le Tribunal de la Seine : « Attendu que les associés sont libres de continuer verbalement une société commerciale arrivée à son terme ; « ...Mais, attendu que si le fait de cette continuation verbale peut être prouvé sans la représentation de l'acte écrit, c'est seulement dans les rapports des associés entre eux ou avec les tiers, qui ont traité avec les associés agissant en cette qualité ; que tous les autres tiers, au contraire, sont évidemment fondés à se prévaloir de la nullité d'une société commerciale créée ou prorogée sans écrit et à soutenir son inexistence à leur égard ; qu'en l'espèce la qualité de tiers ne saurait être refusée à l'Administration de l'Enregistrement, puisqu'elle n'a fait aucun acte emportant la reconnaissance de la Société M... ». (R. E., 7664 ; Châteaubriand, 19 novembre 1920, 7877 ; St-Claude, 9 octobre 1924, 8127. *Contra*, Cass. civ., 4 février

1901 ; R. E., 2628. Instruction, 3070 § 2, D. P. 1903.1.339, S. 1983.1.49). Mais, le commentateur de la R. E., paraît admettre que, dans l'espèce de la Cour, la réalisation des opérations sociales dépassait la limite du délai prévu à l'acte social.

Quoiqu'il en soit, l'importance des droits d'enregistrement est aujourd'hui suffisamment grande, pour que dans certaines situations des associés, ne laissent pas expirer la société sans avoir constaté la décision de prorogation si elle était dans leurs intentions. Juris-Clas. V° Société (Enreg.) fasc. 11, n°s 50 et s.

105. 2° *Extinction de la chose, ou consommation de la négociation.* — L'extinction de la chose doit être complète et définitive ; si la chose était, notamment, remplacée par un équivalent, par une indemnité dans le patrimoine social, la société aurait des moyens de poursuivre son but, et, dès lors, la dissolution, au cas de divergence d'opinion, pourrait être soumise à l'appréciation du Tribunal.

La réalisation des objets de la négociation a pour conséquence nécessaire la dissolution.

106. 3° *Mort naturelle de quelqu'un des associés.* — C'est dans le pacte social que se retrouvera cette cause de dissolution, puisque l'article 36 l'exclut des motifs légaux.

Cependant, il vaut mieux examiner à cette place la clause de « mort ».

On rappelle que, si le successeur du défunt était l'associé survivant, unique héritier, la société se dissoudrait mathématiquement, l'unité d'intéressé étant contraire à l'essence de la société.

Sauf cette hypothèse, et sauf une stipulation contraire des statuts, la mort laisse la Société se continuer entre les associés survivants et les héritiers de l'associé disparu. La stipulation expresse de dissolution, les stipulations de transmission des parts aux héritiers, avec les modalités de convenance ou de droit de

...tion en faveur des associés sur... peuvent être adoptées dans un... de société à R. L.

107. *A Mort civile, interdiction décon...* — L'article 36 restreint de manière ... les droits des associés, relative... à une dissolution qu'ils auraient ... consécutive à l'interdiction, à la ... ou à la déconfiture d'un associé. Ce ... des causes inadmissibles en matière ... société à R. L.; elles restent sans effica... de la même manière que pour les ... anonymes. Mais, de ce que ... article 36 a des précisions sur les inca... inopérantes pour la dissolution, ... conclure que d'autres incapacités ... opérantes et donneraient lieu à ... application de l'article 1871, C. c. ? La ... tion se pose notamment pour le cas ... conseil judiciaire. Il nous paraît que ... principe de la continuation de la ... été malgré les causes d'incapacité ... onnelle est trop nettement posé par ... 36, pour qu'il soit possible d'ar... du seul fait de l'incapacité... ... d'un conseil judiciaire n'est ... pas, à notre avis, une cause de ... lution, même en l'étayant, sans ... argument, sur l'art. 1871 (Gain ... Rapp. Dalloz, R. P. 1925, 4, 177).

108. 3° *Volonté qu'un seul ou ... urs expriment de n'être plus en ...* — Il est certain que si la Socié... R. L. ne participait que d'une seule ... de société, soit de la société ... personne, soit de la société ... pécunie, l'application de l'article ... S. à. G. c. à notre espèce ne ... rait aucune difficulté. L'on sait, en ... que d'après l'article 1869 C. c., et ... hors des conditions de bonne foi ... non à contre temps, la dissolution ... société par la volonté de l'une des ... ne s'applique qu'aux sociétés ... durée est illimitée, mais seul... quand il s'agit de société de per... parce que dans les sociétés d'ar... la faculté de circulation des titres ...

annule le droit de renonciation à l'existence de la société. A cet égard, la durée étant illimitée, un associé pourra-
t-il, dans les conditions autorisées, réclamer la dissolution d'une société à
R. L. ? La question est controversée.
Pour l'affirmative : Defrénois, 329 ; Gain,
97 ; Lepargneur, 16 ; Pic et Baratin,
398. Pour la négative, Juris cl. n° 6 ;
Drouets, 322 ; Piot, 17. L'argument
« pour ou contre » paraît se trouver dans
la cessibilité des parts, qui, d'après les
uns, est possible, et, d'après les autres,
est trop difficile, pour ne pas dire irréa-
lisable dans la société à R. L.

Nous croyons, avec Pottier, n° 148,
que, dans notre nature de société, l'article 31 ayant formellement prévu les
modifications des statuts, et la dissolution
anticipée étant une modification des statuts, c'est la seule majorité des associés,
fixée par cet article 31, qui décidera du
sort de la société.

Donc, que le pacte social ait établi
une durée limitée ou une durée illimitée, la volonté d'un seul se heurtera à
la disposition précitée.

Mais la majorité légale a le pouvoir
de dissoudre la société. (Voir ci-dessus
n° 16).

109. § b. — *Cas de dissolution prévus
par les clauses statutaires, et cas de dissolution procédant d'événements interruptifs.*

Les statuts sont, dans la mesure où
ils ne violent pas les règles établies par
la législation, la loi des parties.

La société pourra être dissoute quand
la circonstance prévue par le pacte se
présentera. Cette circonstance compor-
tera obligation ou faculté, d'après les
formes de l'acte.

Qu'il y ait faculté, le jeu de l'article
31 de la loi sera susceptible d'arrêter la
dissolution dans la mesure de son application, ainsi que nous le verrons au
paragraphe 6 sous le contrôle des tribunaux, s'il y a lieu.

Quels sont les cas prévisibles d'après
les clauses statutaires ? Il suffira, à titre

d'exemple, de citer l'hypothèse d'une perte de l'actif social, dans le sens de l'article 37 de la loi de 1867. Le quantum de la perte variera à la volonté des parties.

Une question est, cependant, à retenir. Admettons une société, qui ait stipulé la dissolution *obligatoire* après une perte déterminée : n'est-il pas vrai que la réserve du capital, préservée du passif par les statuts, a fixé la part sociale à la seule fraction du capital tangible, et que, dès lors, c'est augmenter cette part sociale que de permettre, par la continuation de la société, l'engagement de la fraction intangible ? Nous croyons que, dans le cas de dissolution *obligatoire* pour perte partielle du capital, la majorité de l'art. 31 ne suffira pas à assurer la continuation de la société, mais que l'unanimité sera nécessaire.

Parmi les évènements, aussi interruptifs du cours normal de la société, il y a la déclaration de faillite, ou la déclaration de liquidation judiciaire de la société. Cependant, si le syndic est, en réalité, continuateur de la société, qui peut obtenir un concordat, prolongeant des affaires sociales... si l'état de liquidation laisse à la gérance l'administration de la société sous la surveillance du liquidateur, il n'en est pas moins vrai que la société est dans un état d'incapacité, dont rarement la fin est suivie d'une persistance, véritable résurrection tout au moins morale. Nous devions, dans ces conditions, signaler de tels évènements qui, s'ils ne dissolvent pas à proprement parler, interrompent une marche régulière. (Consulter sur l'état de faillite et de liquidation : Dalloz, Rép. Prat., V° Faillite, 2203 et s.).

110. § c. — *Cas résultant des justes motifs de l'article 1871 du Code civil.* — Un jugement du tribunal de commerce de la Seine du 26 février 1926 est ainsi analysé par le Moniteur du Commerce et de l'Industrie, n° 9, 16 septembre 1927, p. 206 (Journal des Tribunaux de Commerce, année 1927, p. 14) D. P. 1928.2.25 :

« Bien que les sociétés à R. L. soient au point de vue de leur dissolution, surtout intermédiaires entre les sociétés de personnes et les sociétés de capitaux, on ne saurait leur refuser l'application du droit commun, notamment de l'article 1871 du Code civil, qui prévoit la dissolution anticipée des associés pour justes motifs, en particulier pour dissentiments graves entre les associés. »

Mais on notera que la dissolution, par l'effet de l'article 1871 C. c., n'a jamais lieu de plein droit et qu'elle doit être prononcée en justice. Les motifs de dissolution proviennent soit de la faute personnelle de l'associé, soit de faits qu'on ne saurait reprocher à l'associé.

L'étendue de la faute personnelle sera déterminée par le dommage causé à la société ; on la trouve dans une négligence impardonnable, dans l'oubli des engagements, dans la provocation intentionnelle de dissentiments, dans la violation des clauses du pacte social, etc. La faute ne peut, d'ailleurs, être invoquée par le coupable ; elle motivera des dommages-intérêts.

Quant aux faits en dehors de la volonté immédiate de l'associé, ils se rencontrent dans une infirmité habituelle, l'aliénation mentale, une mésintelligence générale, le mauvais état des affaires, la perte totale ou partielle du capital social, etc... Ici, tous les associés peuvent réclamer, et les dommages-intérêts ne sont pas admis. (Cass. Req. 31 mars 1908, D. P. 1908.1.2 63, et les références à la note).

111. § 2. — *Publicité.* — La publicité de la dissolution n'est pas obligatoire quand la société arrive au terme stipulé dans le pacte social déjà publié.

Dans les autres espèces, la publicité doit être effectuée par le liquidateur dans le délai d'un mois du jour de la date de l'acte ou de la délibération de la dissolution.

Dépôt de l'acte ou de la délibération aux greffes de la Justice de paix et du Tribunal de commerce du siège social insertion dans un journal d'annonces légales du département.

La publicité comprendra l'avis relatif à la mise en état de liquidation de la société.

La radiation au registre de commerce doit être aussi provoquée.

CHAPITRE II

LIQUIDATION

112. Quelle va être la conséquence de la dissolution et de la liquidation, vis-à-vis de la gérance et du conseil de surveillance, s'il y a lieu ? Nous ne saurions mieux répondre qu'en citant Thaller n° 701.

Il n'y a plus ni conseil de surveillance, ni commissaires, ni assemblée générale annuelle, car il n'y a plus d'administrateurs ou de gérants appelés à produire des comptes d'exploitation. Seule demeure debout en face du liquidateur l'assemblée, représentant la personne morale, et délibérant sur les points à l'occasion desquels on l'aura convoquée.

Ces principes ont leur application pour la société à R. L.

Le liquidateur a pour mission de terminer les opérations sociales, et, après réalisation de l'actif, d'acquitter le passif.

La nomination du liquidateur est quelquefois prévue par les statuts. A défaut, la désignation appartient aux associés ou à l'assemblée générale des associés, dans les conditions de l'article. Si l'assemblée n'apporte aucun résultat, le Tribunal de commerce choisira le liquidateur.

Les pouvoirs du liquidateur, qui sont suffisamment étendus pour arriver à terminer les opérations sociales, et à obtenir le solde de l'actif sur le passif, ne sont cependant pas généraux ; ils ne comprennent pas notamment, quand il n'a pas été spécialement précisé à cet égard dans l'acte de nomination, le droit d'emprunter, d'hypothéquer, de garantir, de transiger, de compromettre, de donner mainlevée d'inscription de privilège, d'hypothèque ou de nantissement, de céder la totalité de l'actif de la société. Afin d'éviter toutes difficultés, et surtout celles relatives à la validité des mainlevées, il conviendra de surveiller la nature des pouvoirs, que l'on veut ou que l'on doit octroyer au liquidateur, de telle sorte que l'omission de certains provienne bien d'une décision raisonnée.

Le complément des pouvoirs pourra, d'ailleurs, être accordé aux liquidateurs conformément aux dispositions de l'article 27, ou par jugement du Tribunal de commerce.

La présence d'incapables n'entravera pas la mission du liquidateur, grâce à la fiction de la survie de l'être moral.

La première obligation du liquidateur, non imposée par la loi d'ailleurs, consistera dans un inventaire. Il demandera à la gérance son compte de gestion. Avec ces éléments, l'inventaire et le compte, il procédera aux rentrées et aux répartitions. Les associés n'étant tenus que de leur mise, un créancier n'a pas droit de recours sur leur patrimoine personnel ; l'actif social reste son seul gage dans la mesure où il est privilégié ou chirographaire. (Pottier n° 150).

La responsabilité du liquidateur est celle du droit commun.

Les fonctions cessent avec la fin de sa mission, à moins de révocation motivée ou de cause de déchéance. Il peut être nommé plusieurs liquidateurs.

Quelle sera la preuve de la clôture de la liquidation ? Pic répond, n° 650 : « En l'absence de toute notification officielle, c'est aux juges du fond qu'il appartient de fixer, d'après les circonstances du fait, la date exacte de cette clôture. »

La reddition du compte se fera dans les formes usitées au commerce. (Pic, n° 651).

Mais, la liquidation n'est considérée comme terminée que par le partage, au cas où il y aurait excédent d'actif sur le passif (Gain, n° 109).

On conseille au liquidateur de demander, avant le partage effectif, ou au cas
de résultat déficitaire, un *quitus* défi-
nitif. Sur la prescription, le liquidateur
reste soumis aux dispositions du droit
commun, c'est-à-dire à la prescription
trentenaire. L'article 64 du Code de
commerce ne lui est pas applicable.

CHAPITRE III.

Partage

113. Quand il ne suit pas immédiatement la dissolution, le partage est
l'épilogue de la liquidation.

Il se fera d'après la règle posée dans
l'article 1872 C. c. « Les règles concernant le partage des successions, la forme
de ce partage et les obligations qui
en résultent entre co-héritiers s'appli-
quent au partage entre associés. »

Il peut avoir lieu avec ou sans la
médiation du liquidateur.

Il sera amiable, si tous les associés
sont présents, s'ils sont pourvus de la
capacité utile, et s'ils donnent un consentement. Il sera judiciaire, si un associé refuse de consentir au partage (art.
823 C. c.), ou s'il existe des absents ou
des incapables parmi les associés,
(art. 838 C. c.) ; en ce dernier cas, les
articles 966 et s. du C. de pr. c. s'appliqueront.

Quant à la masse distribuable, il faut
la scinder, mettre d'un côté les bénéfices ou les réserves, revenus du capital
social ou produits du travail de la société
et de l'autre côté les valeurs représentatives des parts c'est-à-dire le capital.
Cette opération ne se produira, bien entendu, que si la société a été bénéficiaire.

La répartition du bénéfice se fera en
conformité des règlements statutaires.
Quant aux valeurs représentatives des
mises, elles se partagent au prorata des
apports.

L'effet du partage rétroagit au jour
de la dissolution.

L'attribution des lots se produit en
la forme ordinaire.

Rien n'empêche les associés capables
et majeurs de procéder à la vente de
l'actif social, pour ne s'en distribuer
que le prix.

4ᵉ PARTIE

SANCTIONS DIVERSES.

114. Il ne s'agit pas, dans cette partie
de notre étude, des sanctions que com-
portera l'exécution d'un pacte social
régulier. Les difficultés, venant à surgir
entre associés, gérants ou tiers, relativement aux affaires sociales, seront soumises au Tribunal de commerce du siège
social, dans le ressort duquel sera d'habitude stipulée obligatoire aux statuts
une élection de domicile pour les associés
n'y résidant pas. Elles appartiennent au
droit commun ; la procédure ordinaire
en réglera la solution.

Il ne sera pas parlé des nullités pouvant se rencontrer dans tous les contrats ou dans toutes les sociétés. La loi
ordinaire et la jurisprudence, qui en
découle, trouveront leur application
sans référence à la loi 1925.

115. Art. 9. — « Est nulle, et de nul
effet à l'égard des intéressés toute société
à responsabilité limitée constituée contrairement aux prescriptions des articles 2, 4, 5, 6, 7 et 8.

La nullité ne peut être opposée aux
tiers par les associés. »

Art. 10. — « Lorsque la nullité de la
société a été prononcée, aux termes de
l'article précédent, les associés, auxquels
la nullité est imputable, sont responsables envers les autres et envers les tiers,
solidairement entre eux et avec les pre-
miers gérants, du dommage résultant
de cette annulation.

Les actions en nullité et en responsabilité se prescrivent par dix ans. »

Art. 12. — « ....

« Les formalités prescrites par l'article
précédent et par le présent article seront
observées à peine de nullité à l'égard
des intéressés ; mais le défaut d'aucune

...elles ne pourra être opposé aux tiers par les associés. »

Art. 18. « Dans tous les actes, factures, annonces, publications... la dénomination sociale doit toujours être précédée ou suivie immédiatement des mots écrits visiblement et en toutes lettres : « Société à responsabilité limitée », et de l'énonciation du montant du capital social.

« Toute contravention aux dispositions qui précèdent est punie d'une amende de 50 fr. à 1.000 fr. »

Art. 20. — « La société doit être immatriculée dans le registre du commerce créé par la loi du 18 mars 1919, dans le délai et sous les sanctions déterminées par cette loi. »

Art. 25. — « Les gérants sont responsables, conformément aux règles du droit commun, ou solidairement suivant les cas, envers la société et envers les tiers soit des infractions aux dispositions de la présente loi, soit des violations des statuts, soit des fautes commises par eux dans leur gestion. »

Art. 37. — « Sont punis d'une amende de 500 à 2.000 fr. et d'un emprisonnement de quinze jours à six mois, ou de l'une de ces peines seulement :

« Les fondateurs qui ont fait dans l'acte de société une déclaration fausse concernant la répartition des parts sociales entre tous les associés ou la libération des associés.

« Les gérants qui, directement ou par personne interposée, ont ouvert une souscription publique à des valeurs mobilières quelconques pour le compte de la société. »

Art. 38. — « Sont punis des peines portées par l'article 405 du Code pénal sans préjudice de l'application de cet article à tous les faits constitutifs du délit d'escroquerie :

« Ceux qui ont, à l'aide de manœuvres frauduleuses, fait attribuer à un apport en nature une évaluation supérieure à sa valeur réelle.

« Les gérants qui, en l'absence d'inventaires ou au moyen d'inventaires frauduleux, ont opéré entre les associés la répartition de dividendes fictifs. »

Art. 39. — « L'article 463 du Code pénal est applicable à tous les délits prévus par les dispositions de la présente loi. »

116. Il existe donc deux catégories bien distinctes de sanctions, l'une dite civile, qui frappera à la fois la société et ses fondateurs, associés, gérants, dans les termes de l'article 10, ou qui frappera collectivement ou individuellement les gérants dans les termes de l'article 25.

L'autre, dite pénale, qui frappera les représentants de la société, à l'exclusion de cette dernière, sauf, toutefois, l'application de l'article 18 de la loi du 18 mars 1919 (inscription au registre du commerce), dont l'amende devrait être prononcée contre la société elle-même et non contre son représentant, d'après l'opinion le plus généralement adoptée. (Garraud, Semaine juridique, juillet 1927, p. 884.)

CHAPITRE Ier

§ 1. Sanctions civiles.

§ 1er. — *Nullité de la société.*

117. La société elle-même est frappée par le fait répréhensible.

La peine est la nullité de la société.

Le fait répréhensible ne peut pas être rectifié avant l'assignation en nullité, contrairement à ce qu'a édicté la loi du 1er août 1893, art. 3 (L. de 1867, art. 8), pour les sociétés par actions. Il est conseillé de reconstituer la société.

On se bornera à résumer succinctement les causes de nullité, auxquelles il a été déjà fait allusion au cours de notre étude, en précisant :

1° Que la nullité est d'ordre public, susceptible d'être invoquée par tous les tiers, en toutes circonstances, et par les associés, dans leurs seuls rapports entre eux.

2° Qu'elle doit être judiciairement déclarée ;

3° Que le Tribunal de commerce est compétent ;

4° Que l'action en nullité se prescrit par 10 ans à partir du jour où la cause de la nullité a pris naissance dans les cas de l'art. 10 et par 30 ans dans les cas prévus par l'art. 13 (Gain, n° 38).

Les conséquences de la nullité sont la dissolution et la liquidation, qu'il y ait eu simple société de fait, ou existence de la société annulée.

a) *Causes de nullité de l'art. 9 de la loi de 1925 :*

1° Sociétés d'assurance, de capitalisation et d'épargne, constituées sous forme de société à R. L. (art. 2) ;

2° Absence d'un acte de constitution authentique ou s.-s. p. (art. 4/1) ;

3° Insuffisance du nombre d'originaux s.-s. p., tels que fixés par l'art. 4/2 ;

4° Défaut d'intervention à l'acte des associés en personne ou par mandataire régulier (art. 4/3) ;

5° Souscription publique des parts (art. 4/4) ;

6° Existence avec un seul associé (art. 5) ;

7° Capital social inférieur à 25.000 fr. (art. 6/1) ;

8° Fixation des parts au-dessous de 100 fr. ou à un chiffre n'étant pas un multiple de 100 fr. (art. 6/11) ;

9° Violation de l'une des règles relatives aux parts (art. 7) : — a) répartition entre tous les associés ; — b) libération intégrale, (distinction entre la fausse déclaration et l'irrégularité (Garraud, Semaine jurid., 1927, p. 888) ; — c) défaut d'indication dans l'acte social que la répartition et la libération sont effectuées ;

10° Défaut d'évaluation des apports en nature (art. 8/1) ;

11° Hypothèse prévue par Pottier, n° 156. — Insertion à l'acte social d'une clause, autorisant l'émission par le gérant d'une souscription publique de valeurs mobilières.

b) *Causes de nullité de l'article 13.*

1° Défaut ou insuffisance d'accomplissement des dépôts prescrits par l'article 12 ; — (délai d'un mois) ;

2° Oubli de la publication ou publication incomplète dans un journal, pouvant recevoir des annonces légales, d'un extrait, rigoureusement conforme aux prescriptions de l'article 14 ; — (délai d'un mois) ;

3° Oubli de la justification ou justification incomplète de l'insertion par un exemplaire du journal : — a) certifié par l'imprimeur ; — b) légalisé par le maire ; — c) enregistré dans les trois mois de sa date ;

4° Défaut d'accomplissement, accomplissement incomplet ou accomplissement tardif de ces mêmes formalités : 1° pour modification des statuts ; 2° pour changement d'associé (article 17).

§ 2. — *Responsabilité civile des associés fondateurs, associés originaires, associés et gérants.*

118. La responsabilité civile a sa base dans les articles 8, 10 et 25.

Sans prendre parti dans le débat qui s'est élevé sur la distinction à faire entre les associés fondateurs et les associés originaires, nous avons cru bien faire de séparer les deux catégories d'associés.

119. á) *Associés originaires fondateurs.*

1re Question : Quelle est la responsabilité des associés originaires ?

La responsabilité de l'article 10 les frappe.

Si les associés ne sont pas fondateurs, quoique associés originaires, ils échappent à cette responsabilité (*Sic* : La garantie des tiers. Mongin, p. 106. Drouets, p. 98 ; Pottier, n° 164, 165. *Contra*, Lepargneur, p. 35 ; Gain, p. 47 ; Chapsal, p. 76 Pic et Baratin, n° 223. Dalloz, R. P. 1925 4-169 et s.).

2e Question : Qui peut exercer l'action ?

Les associés, auxquels la nullité n'est pas imputable ;

Les tiers, qui subissent un préjudice du fait de l'annulation.

3° Question : Quelle est la mesure de la responsabilité ?

La responsabilité *décennale* est solidaire (art. 10).

Elle s'étend à tout le dommage résultant de l'annulation seulement.

Mais le tribunal, juge du dommage, peut répartir entre les auteurs de la faute, et de façon différente, le montant de la réparation.

4° Question : *Quid* de la responsabilité (art. 8 et art. 13-17)?

Art. 8 (voir associés originaires, b);

Art. 13-17 (voir associés, c) ci-après.

120. b) *Associés originaires.*

La responsabilité de l'article 10 s'étendra aux associés originaires, autres que les fondateurs, dans l'hypothèse de faute réelle, ayant provoqué la nullité.

Mais la responsabilité *décennale* reste solidaire pour tous les associés originaires, sans distinction, à raison de l'exagération de la valeur attribuée aux apports en nature, (art. 8).

121. c) *Associés.*

a) Il semble que les articles 8 et 10 doivent jouer à leur égard dans la mesure où, entrés dans la société après la constitution, ils auront participé aux fautes que peuvent engendrer certaines modifications aux statuts, (spécialement majoration de capital), (Garraud, Semaine juridique, année 1927, page 889). Cependant l'article 17, relatif à la modification des statuts et au changement d'associé, fixe le statut de leur responsabilité, et il fait seulement référence aux sanctions de l'article 13.

b) La responsabilité vis-à-vis des intéressés serait trentenaire (voir Pothier, n° 177 ; Gain, 38), en l'absence de fixation de prescription par l'article 10. Elle ne saurait, en principe, s'exercer in infinitum (Mongin, p. 111).

122. d) *Gérants.*

1° Responsabilité *décennale* et solidaire avec les associés fondateurs, dans la mesure de l'article 10 ;

2° Responsabilité *trentenaire* de l'article 13 ;

3° Violation des statuts (prescription trentenaire) ;

4° Fautes commises dans la gestion (prescription trentenaire).

CHAPITRE II.

SANCTIONS PÉNALES.

123. Il nous a paru opportun, et comme nous l'avons fait pour les sanctions civiles, de résumer les règles relatives aux sanctions pénales, prévues pour violation de la loi nouvelle, même celles déjà examinées, de façon à ce que le lecteur ait sur la matière une vue d'ensemble.

§ 1er. — *Publicité permanente, art. 18.*

124. 1° Termes de la loi aussi compréhensifs que possible, notamment du chef de l'expression « autre document » ;

2° Responsabilité des gérants en fonctions au moment où l'infraction est relevée ;

3° Délit contraventionnel, donc exclusif de bonne foi ;

4° Compétence du Tribunal correctionnel ;

5° Amende de 50 à 1.000 fr. ;

6° Application possible des circonstances atténuantes (art. 39) ;

7° Application éventuelle du sursis (art. 1er 1. du 26 mars 1891);

8° Application du principe du non-cumul des peines (art. 365, C. Inst. crim.).

§ 2. — *Inscription au Registre central du commerce, art. 20.*

125. *Inscription* :

1° Immatriculation dans le mois de la constitution ;

2° Indications à porter, (celles de l'art.

6, L. 18 mars 1919, et de l'art. 20, L. 7 mars 1925);

3° Immatriculation au siège et à chaque succursale ou agence ;

4° Inscription des modifications et changements, et des brevets d'invention, et des marques de fabrique ou de commerce;

5° Amende de 16 à 200 fr. et, si l'inscription n'est pas faite dans les 15 jours, prescrit par jugement nouvelle amende;

6° Compétence du Tribunal de commerce, (hésitations sur droit d'appel);

7° Règles du droit pénal et de la procédure pénale non applicables. (Culpabilité, sursis, circonstances atténuantes);

8° Amende prononcée contre la *Société*.

126. *Inexactitude d'indication* :

1° Délit relevant du Tribunal correctionnel ;

2° Eléments du délit : *a*) Indication inexacte ; *b)* mauvaise foi ;

3° Amende de 100 à 2.000 fr. et un emprisonnement d'un mois à six mois, *ou* l'une de ces deux peines seulement ;

4° Privation possible, pendant 5 ans maximum, du droit de vote et d'éligibilité pour tribunaux, chambres de commerce, chambres des arts et manufactures, et conseils de prud'hommes ;

5° Rectification ordonnée;

6° Application de l'art. 463, C. pénal;

7° Peine contre l'auteur de l'inexactitude.

§ 3. — *Délits de l'article 37.*

127. Les articles 37 et 38 punissent des délits qui peuvent être commis par diverses catégories de personnes, à savoir...

les fondateurs, les associés, les gérants, certains tiers.

128. L'article 37, parle, de manière formelle, des fondateurs en punissant ceux qui ont fait dans l'acte de société une déclaration fausse, concernant la répartition des parts sociales entre tous les associés ou la libération des parts.

Le rapprochement avec l'article 7 s'impose. Or, il appparaît que tous les associés originaires doivent faire la déclaration de l'article 7, qui est la même que celle visée par l'article 37/2. Pic et Baratin disent bien, (n° 235), que les pénalités étant de droit étroit, la peine prévue ne saurait atteindre tous les associés originaires, qui, cependant, sont considérés au point de vue civil comme des fondateurs, mais seulement ceux d'entre eux qui, *sciemment*, auraient participé à une déclaration, qu'ils savaient mensongère. Garraud, admettant la reponsabilité pénale de tous les associés originaires sans exception, accepte la preuve de la bonne foi, mais en soulignant que Pic et Baratin, et Legagneur ne font aucune distinction de bonne ou de mauvaise foi pour la responsabilité civile. (Sem. Jur. juillet 1927, pages 888, 899, n°s 41, 49).

129. *Délits de l'article 37*.

Peine d'amende de 500 à 10.000 fr. et emprisonnement de 15 jours à 6 mois, ou l'une de ces deux peines seulement pour l'un ou l'autre des délits.

A — *Fausse déclaration relative aux parts* :

1° Objet du délit : *a*) répartition des parts sociales ; *b*) libération des parts sociales ;

2° Eléments du délit : — *a*) matériel : déclaration nécessaire, [l'absence de déclaration reste sans sanction] ; — *b)* moral (mauvaise foi nécessaire); — *c*) La régularisation n'efface par le délit ;

3° Peine unique, au cas d'une double fausse déclaration ;

4° Responsables du délit : — Auteurs des déclarations — déclarants fondateurs, — mandataires (si mauvaise foi commune, mandants poursuivis comme auteurs principaux, mandataires comme complices). — *a*) Associés frappés d'incapacité, totale (tuteur seul poursuivi) ou partielle (émancipé, femme mariée, sous conseil judiciaire); responsabilité des partiellement incapables. — *b*) Complices. — Art. 59 C. pénal. — Complicité possible des auteurs de l'autorisation pour partiellement incapables. — Agents d'affaires, officiers ministériels ou toute personne ayant conseillé ;

5° Règles du droit pénal : — *a*) prescription triennale, art. 688, C. inst. crim.; *b*) compétence du tribunal correctionnel saisi par ordonnance, arrêt de renvoi ou citation directe du ministre public ou des parties ; *c*) circonstances atténuantes possibles ; *d*) sursis sur condamnation ; *e*) non cumul des peines.

B — *Ouverture par les gérants d'une souscription publique* :

1° Définition de la souscription publique — : le fait de l'ouverture de la souscription est aussi étendu que possible (Voir réponse ministérielle au *Journ. of.* du 12 août 1926, Députés, n° 8271). « Même l'avis donné au public dans les journaux qu'une personne procède à la formation d'une société à R. L. semble bien constituer une violation de l'interdiction... de l'art. 4/4... Il appartient exclusivement aux tribunaux compétents... etc... »

2° Eléments du délit : *a*) ouverture d'une souscription publique (démarches rigoureusement privées échappant à la sanction): *b*) action des gérants: 1° directe ou par personne interposée (complicité possible); 2° avant ou après la constitution de société ; *c*) souscription à des valeurs mobilières quelconques ; *d*) souscription ouverte pour le compte de la société.

3° Règles du droit pénal : les mêmes que pour le délit de fausse déclaration relative aux parts.

§ 4. — *Délits de l'article 38.*

130. L'article 38 punit, d'abord, tous les faits constitutifs du délit d'escroquerie, et, en même temps au § 2, l'attribution, à l'aide de manœuvres frauduleuses, à un apport en nature d'une évaluation supérieure à sa valeur vénale. Or, on a remarqué que la manœuvre frauduleuse est l'élément principal de l'article 405, C. pénal, relatif à

l'escroquerie, et aussi de l'article 38, § 2, Garraud (Sem. Jurid., 1927, page 913, n° 54) distingue les deux sortes de « manœuvres », en fait prévues par notre article, en disant que le délit de l'art. 38, § 2, « devra être considéré comme constitué, alors même que les manœuvres n'auraient pas le caractère exigé pour l'existence de l'escroquerie ». La question donnera lieu certainement à des discussions devant les tribunaux correctionnels.

Sur les conséquences civiles de l'exagération des apports, (délit de l'article 38, § 2), on remarquera qu'elle n'entraîne pas la nullité de la société, qui peut être motivée par l'absence d'évaluation de l'apport.

Le délit de dividende fictif, (art. 38 § 3), comporte la mauvaise foi, tandis que la répétition civile de l'article 35 de ce même dividende aura pour base une simple faute d'imprudence ou de négligence.

131. *Délits de l'article 38.*

A — *Attribution à un apport en nature d'une évaluation supérieure à sa valeur vénale (38/2)* :

1° Eléments matériels : *a*) attribution à un apport en nature d'une valeur supérieure à sa valeur réelle ; *b*) manœuvres frauduleuses ;

2° Elément moral : mauvaise foi ;

3° Auteurs : « ceux qui... » donc associé, auteur ou provocateur de l'exagération ou homme d'affaires, auteur ou conseil (complicité) ;

4° Peines celles de l'article 405 C. pén., soit un emprisonnement d'un an au moins et de cinq ans au plus, et une amende de 50 fr. au moins et de 3.000 francs au plus. Le coupable pourra être, en outre, à compter du jour où il aura subi sa peine, interdit pendant 5 ans au moins et 10 ans au plus des droits mentionnés dans l'article 42 du Code pénal ;

5° Règles du droit pénal : Les mêmes que pour les délits de l'art. 37.

B. — *Répartition de dividendes fictifs* (38/3) :

1° Définition : le dividende fictif est le prétendu excédent, ne correspondant pas à la réalité, d'un actif sur le passif inventorié ou sujet à inventaire ;

2° Éléments du délit. — 1° matériels : *a*) fictivité du dividende ; *b*) absence d'inventaire ou inventaire frauduleux ; *c*) répartition effective des dividendes ; — 2° moral : mauvaise foi ;

3° Auteurs : les gérants ;

4° Peines : les mêmes qu'au paragraphe ci-dessus (A. 38/2) ;

5° Règles du droit pénal : les mêmes que pour les délits de l'article 37.

§ 5. — *Droit commun*

132. Le droit pénal commun trouvera son application dans la matière de la société à responsabilité limitée.

Garraud a fait ressortir que, notamment, *l'escroquerie* pourra se produire aussi bien dans les rapports des associés les uns avec les autres, que dans les rapports des associés avec les tiers. Il a donné des exemples typiques de manœuvres frauduleuses. On ne saurait mieux faire que renvoyer à son étude sommaire, mais suffisamment documentée, qu'a donnée la Semaine Juridique dans son numéro du 21 juillet 1927, n° 29. On y trouvera des explications sur *l'escroquerie*, *l'abus de confiance*, *le faux*, *la coalition*, *la dissimulation de forme*, *la prescription*, qui guideront utilement pour la répression de procédés, que les filous sauront malheureusement et ingénieusement découvrir dans l'art d'appauvrir leurs semblables.

CHAPITRE Ier

ALSACE-LORRAINE

133. *Loi du 10 février 1926.* — Art. 1er : « L'article 5, alinéa 8, de la loi du 1er juin 1924, portant introduction de la législation commerciale française dans les départements du Bas-Rhin, du Haut-Rhin et de la Moselle, relatif à la loi du 20 avril 1892, révisée le 20 mai 1898, sur les sociétés à responsabilité est abrogé. Les dispositions de la loi du 7 mars 1925 sur les sociétés à responsabilité limitée sont applicables à ces départements, sous réserve des dispositions des articles 19, 20 et 21 de la loi du 1er juin 1924 visée ci-dessus. »

Art. 2. — « Les sociétés à responsabilité limitée, qui se sont constituées sous l'empire de la législation locale, seront régies par la loi française un an au plus tard après la mise en vigueur de la présente loi. A cet effet, elles devront, dans le délai ci-dessus, modifier leurs statuts pour les mettre en harmonie avec la loi française et déterminer la date à laquelle elles entendent se soumettre à cette loi.

« Faute d'avoir opéré cette transformation dans le dit délai, elles seront de plein droit soumises aux règles correspondantes de la loi française et les dispositions de leurs statuts incompatibles avec cette loi seront réputées sans valeur, sous réserves toutefois, des dispositions de l'art. 3 ci-après.

« Les transformations prévues par le présent article ne donneront pas lieu par elles-mêmes à la perception de droits fiscaux ;

« Toute transformation de société en vue de l'application de la présente loi pourra être votée à la majorité simple, nonobstant toute disposition contraire.

« Les droits et obligations des tiers vis-à-vis de toute société transformée en exécution de la présente loi ne seront pas modifiés. »

Art. 3. — « Les dispositions des art. 2, 4, 5, 6, 7 et 8 de la loi du 7 mars 1925 et les nullités édictées par l'article 9 de cette loi ne sont applicables aux sociétés valablement constituées d'après la loi locale que du jour de la mise en vigueur de la présente loi, et pour des faits postérieurs à cette date.

« Tout membre d'une société à responsabilité limitée constituée conformément à la législation locale dans les départements du Bas-Rhin, du Haut-Rhin et de la Moselle devra avoir achevé le versement intégral de son apport dans le délai de 2 ans à courir de la mise en vigueur de la première loi. Faute de ce versement, les tiers intéressés pourront demander la dissolution et la liquidation de la société. Les sociétés soumises aux règles de la loi française seront tenues de mentionner, dans les documents visés à l'article 18 de la loi du 7 mars 1925 la fraction du capital restant à verser. »

Art. 4. — « Les actes et délibérations antérieurs à l'entrée en vigueur de la loi française et déjà publiés suivant le droit local seront dispensés des formalités prévues par les art. 12 à 17 et 34 de la loi du 7 mars 1925. »

Art. 5. — « Dans les cas où la loi française prévoit qu'un délai doit courir à partir de la constitution de la société, ce délai, pour les sociétés déjà constituées conformément au droit local, courra du jour où elles seront régies par la loi française. »

134. La loi du 10 février 1926 est très claire.

Elle est suffisamment analysée au D. P. 1926.1.255, pour qu'il soit inutile d'ajouter quelque chose à ce commentaire.

Un jugement du Tribunal civil de Mulhouse du 27 mars 1928 a décidé que « faute d'avoir modifié ses statuts avant le 10 février 1927 pour les mettre en harmonie avec la loi française du 7 mars 1925, une société à responsabilité limitée constituée en Alsace suivant la loi allemande est de plein droit soumise aux dispositions de la loi précitée du 7 mars 1925. (L. 10 février 1926, art. 2) ». D. P. 1928.2.153.

On soulignera que le fisc ne pourra pas prendre prétexte de cette disposition : « Les transformations prévues par le présent article ne donneront pas lieu par elles-mêmes à la perception de droits fiscaux, » pour modifier les règles ordinaires de l'impôt de l'Enregistrement.

CHAPITRE II

Colonies.

135. Art. 43 : « Les dispositions de la présente loi sont applicables à l'Algérie et aux Colonies ».

Loi du 13 janvier 1927, article unique :

« L'article 43 de la loi du 7 mars 1925 tendant à instituer des sociétés à responsabilité limitée est complété par les dispositions suivantes :

« Des règlements d'administration publique détermineront, en ce qui concerne les colonies, les conditions de cette application. »

La loi du 13 janvier 1927, est la suite naturelle de l'article 43 de la loi du 7 mars 1925, qui n'avait été maintenu dans son libellé que pour en éviter le retour du Sénat à la Chambre. A cet égard, M. Chapsal a donné toutes explications utiles au Sénat dans la séance du 18 décembre 1924. La loi de 1925 étant votée, et la société à responsabilité étant instaurée en France, il pouvait être donné satisfaction au Ministre du Commerce, à la demande duquel il avait été ainsi répondu par M. Chapsal :

« Notons que la promulgation en Algérie, édictée par l'article 43 ne présente pas d'inconvénient, car le Code de commerce et les lois, qui l'ont complété ou modifié, y sont en vigueur, et que, par conséquent, rien ne s'opposera à la mise en application de la nouvelle institution.

« En ce qui concerne les autres colonies, nous estimons que la difficulté signalée peut être évitée, il suffira de faire voter, avant que les gouverneurs de ces colonies ne procèdent à la promulgation de la loi sur les sociétés à responsabilité limitée, un projet de loi spécial contenant la réserve demandée par le gouvernement. On sait que dans nos colonies, les gouverneurs sont chargés de la mission de promulguer les lois et qu'ils ne sont soumis, en ce qui concerne les délais de cette promulgation, qu'aux instructions du ministre. Il conviendra donc d'y retarder la promulgation de la loi générale jusqu'au vote de la loi spéciale, et ainsi le Gouvernement pourra faire les adaptations jugées nécessaires. » (Chapsal, p. 84. Dalloz, D. P., 1925, 4 p., page 178).

Cette loi spéciale est la loi du 13 janvier 1927 (D. P., 1927.4.224).

Décret réglementaire pour l'Indochine du 22 avril 1928 (D. P., 1928.4.190).

Décret réglementaire pour la Réunion du 28 août 1928 (D. P., 1928.4.312).

Consulter aussi le *dahir marocain* du 1er septembre 1926, portant promulgation, avec certains amendements de la loi française de 1925 dans la zone française de l'Empire Chérifien.

(Voir la note page 80, Chronique du Rec. hebd. de Dalloz, 1928, n° 34. Bonan, Journal des Sociétés, 1927.)

SIXIÈME PARTIE

OBSERVATION RELATIVE À L'IMPÔT SUR LE REVENU

136. Art. 42. « L'impôt sur le revenu des capitaux mobiliers édicté par l'article 1er de la loi du 29 juin 1872, l'article 31 de la loi du 29 mars 1914 et par l'article 50 de la loi du 25 juin 1920 ne s'applique pas dans les sociétés prévues par la présente loi, aux dividendes, intérêts et arrérages et autres produits revenant aux gérants prévus à l'article 24 de la présente loi.

« Ces sociétés sont assujetties aux communications prescrites par les articles 16 et 28 de la loi du 5 juin 1850, 22 de la loi du 23 août 1871 et 7 de la loi du 21 juin 1875 sous les sanctions édictées, tant par ces lois que par l'article 5 de la loi du 17 avril 1906. »

Mais en tant qu'il vise partiellement le statut fiscal des sociétés à responsabilité limitée, cet article peut se compléter par l'article 4 de la nouvelle loi des Finances du 30 décembre 1928 ainsi conçu (voir *supra*, n° 5) :

« Pour la détermination des bases des impôts cédulaires dus par les sociétés à responsabilité limitée, les rémunérations allouées aux associés gérants et portées dans les frais et charges ne sont pas admises en déduction lorsque la majorité des parts sociales est possédée par l'ensemble des associés gérants ».

L'article 4, a donné lieu, au Sénat, à une joute entre divers Sénateurs et le Ministre des Finances.

M. Manceau a fait une déclaration, que nous tenons à noter, parce qu'elle prouverait que notre système d'impôt laissera toujours, avec des conseillers avisés, légalement échapper la matière imposable. D'ailleurs, ses observations justifieraient les combinaisons adoptées, qui, répondant à une crise de fiscalité, n'auraient rien de malhonnête. A l'heure actuelle, et pour éviter des charges qui pour certains deviennent écrasantes, le contribuable est à la recherche de tous les moyens de payer moins, exclusifs de manœuvres frauduleuses.

« Un contrat bilatéral a été passé entre l'Etat et une certaine catégorie de citoyens, vous leur avez dit : « Mettez-vous en société à responsabilité limitée, vous allez payer pour cela 3 0/0 sur les meubles, 5,40 0/0 sur les immeubles. En contre-partie, en vertu même de la loi, vous pourrez porter vos appointements aux frais généraux de l'entreprise ».

« Trouvez-vous qu'il est régulier — si le mot d'honnêteté vous choque — — après avoir dit à quelqu'un : « Fais ceci, tu payeras cela et je te l'accorde, en revanche, tel avantage », après que des industriels ont payé des sommes variant entre 45.000, 50.000, 60.000 fr., selon l'importance de leur affaire, pour ne parler que de petites entreprises de 1 million de capital, trouvez-vous régulier de garder l'argent que vous avez touché et de retirer les avantages que vous aviez accordés ?

« D'ailleurs, que va-t-il se passer si l'article 3 *bis* est adopté ?

« Le père de famille va rester en société à responsabilité limitée, ce sera une nouvelle charge pour lui, mais il dira : « J'aime mieux cela que de voir les parts de mon entreprise s'évaporer, ou être distribuées un peu partout, se répandre au marché des actions.

« Quant aux sociétés malhonnêtes, que vous voulez châtier, avec raison, que feront-elles ? C'est enfantin : quel que soit leur capital, elles feront une simple modification de statuts; elles feront simplement paraître dans les journaux officiels la modification et se transformeront en sociétés anonymes, ce qui leur coûtera, en tout, quel que soit le capital, 22 fr. 50. Vous reconnaîtrez que, pour ce prix, elles auraient bien tort de ne pas changer leur fusil d'épaule, il importe peu à ces sociétés que leurs parts soient sur le marché de la finance, puisqu'elles n'ont adopté cette forme que pour éviter une part de l'impôt cédulaire. »

(Extrait de l'« *Information* », du 29 décembre 1928.)

Le Ministre des Finances ne pouvait laisser sans réponse les observations de M. Manceau. Sa réplique a souligné les maladresses de quelques sociétés à responsabilité limitée... Que, par des moyens rigoureusement justes, on essaie d'échapper à des taxes onéreuses, personne n'aura le droit de critiquer. Mais, encore, le faut-il faire, sans avoir l'air de tourner en dérision le geste de faveur, que le législateur a voulu accomplir.

La réponse de M. Chéron est typique : « Pour vous montrer le développement des abus dont on vient de parler, et l'intérêt que les sociétés anonymes ont à se transformer en sociétés à responsabilité limitée, je vais citer deux chiffres : dans le département de la Seine, en septembre 1927, il y avait 4.771 sociétés à responsabilité limitée;

dix mois plus tard, elles atteignaient le chiffre de 4.100. Vous voyez qu'il est bon de prendre des précautions.

« Par exemple, l'Administration a constaté que dans 512 sociétés sur 2.334, soit une proportion de 22 0/0, la déduction des appointements des gérants n'a laissé place à aucun bénéfice taxable, et que dans 486 sociétés, représentant 20 0/0 de leur nombre total, les salaires des gérants ont dépassé le montant des bénéfices imposables.

« Je puis encore vous donner un renseignement que vous n'allez certainement pas contester. Une des sociétés, soi-disant familiale, compte 204 gérants. »

137. A — L'article 42 de la loi de 1925 ne visait que les rapports des sociétés à responsabilité limitée avec l'Administration de l'Enregistrement proprement dite. Il est vrai qu'il y a aujourd'hui fusion des services des Contributions Directes et de l'Enregistrement, tout au moins dans 947 cantons. (Décret du 24 décembre 1926. *J. O.*, 5 janvier 1927). Mais la qualification et la nature des impôts n'ont pas suivi cette fusion, non encore complète entre les deux administrations, dont les travaux, basés sur la législation actuelle, comporteront toujours des aptitudes différentes, malgré l'unité de recrutement.

L'impôt sur le revenu, qui est un véritable impôt cédulaire et dont les bases se cumulent avec celles des impôts des autres cédules pour servir à l'établissement de cet autre impôt, « *l'impôt général sur le revenu* », ne frappait pas les attributions faites aux gérants associés, « qui étaient considérées comme étant les rémunérations de leur louage d'ouvrage ou d'industrie, ou du mandat qu'ils remplissent. » (Chapsal, page 81).

Le nouvel article de la loi des finances n'a rien changé à ces dispositions, qui demeurent entières. Il est donc avéré que les gérants, prévus à l'article 24 de la loi de 1925, continueront à ne pas payer la taxe spéciale sur le revenu ni sur les bénéfices dividendes ou intérêts, distributions en fin de société, que comportent leurs parts sociales, ni sur la portion des bénéfices, qui leur revient à raison de leurs fonctions.

Le seul impôt qui est en jeu, est ici celui des bénéfices industriels et commerciaux; et l'importance de la charge nouvelle, qui incombera aux gérants associés, va consister dans la différence entre le taux sur les bénéfices commerciaux et celui de l'impôt sur les salaires.

La loi, d'ailleurs, ne s'occupe pas des gérants non associés, mais exclusivement des gérants associés.

C'est au service des Contributions Directes, qui, bien que fusionné avec celui de l'Enregistrement, continue encore à agir distinctement dans la limite de ses attributions, que reviendra le soin de faire l'application de la loi nouvelle.

L'application sera facile.

Sous le régime de la loi de 1925, on déduisait des bénéfices de l'entreprise les rémunérations des associés gérants, qui étaient considérés comme des salaires, et l'impôt B. I. C. s'établissait en conséquence. Aujourd'hui, quand la majorité des parts sociales sera possédée par l'ensemble des associés gérants, il n'en sera plus ainsi. Les attributions, faites à ces gérants, ne seront pas admises en déduction; elles serviront à calculer le bénéfice commercial imposable, s'il y a lieu. Et, en ce cas, ce sera la rançon, payée pour les sociétés, dont les associés, en nombre exagéré, étaient tous ou presque tous gérants.

Donc, au lieu de la taxe sur les salaires, ce sera la taxe cédulaire B. I. C. qui sera applicable, mais à la condition formelle que la majorité des parts soit possédée par l'ensemble des associés gérants. Il apparaît que s'il existe un seul gérant possédant la majorité des parts, la loi n'aura pas à s'appliquer. En effet, cette dernière ne parle que d'un ensemble de gérants, donc d'une pluralité

Il pourra être émis l'opinion contraire que c'est la majorité des parts, qui *seule*, provoquera l'application de l'impôt de la cédule B. I. C., et que la pluralité d'associés gérants n'est pas nécessaire. Notre thèse a le texte pour elle, et, surtout en matière fiscale, l'argument des mots a le poids le plus grand.

B. — Les associés non gérants paieront, eux, sur leurs attributions l'impôt sur le revenu, qui se liquide au taux de 18 0/0, sans aucune réduction pour charges quelconques et sans abattement.

C. — Quant aux communications prévues par l'article 42, elles sont réglées par les lois citées au texte, et que la Chambre des requêtes a, par deux arrêts du 7 janvier 1878, ainsi interprétées: « les sociétés sont tenues de représenter aux agents de l'enregistrement leurs livres, registres, pièces de recette, de dépense et de comptabilité; cette disposition est générale et absolue; elle ne permet pas de distinguer entre les pièces essentielles de la comptabilité et les écritures accessoires qui seraient considérées comme d'ordre et d'administration intérieure. » Instr. 2591, 3 et 4. D. P. 78.1.203, S. 78.1. 133, *Journal des Notaires*, 21798, p. 78.

Mais il ne faudra pas oublier que l'article 32 de la loi du 31 juillet 1920 a institué aussi un droit de contrôle dans des conditions déterminées, ainsi que nous l'avons signalé au cours de notre étude. L'arrêt de cassation des Chambres réunies en date du 9 mars 1927 en a précisé l'étendue. (D. P., 1927.1.81 R. E. 8575).

138. Notre intention est de consacrer une étude spéciale, aux règles fiscales, qui peuvent s'appliquer, dans tous les domaines des impôts, aux sociétés à responsabilité limitée; nous y examinerons les conséquences de l'article 24 de la loi du 30 décembre 1928 sur les cessions de parts. C'est le motif qui nous fait ne pas insister plus longuement sur l'article 42 de la loi de 1925.

TABLE ANALYTIQUE (1)

(1) Les chiffres renvoient aux numéros du commentaire.

INDEX ALPHABÉTIQUE (1).

---

(1) Les chiffres renvoient aux numéros du commentaire.

Le Gérant : L. HOSSELIN.

BEAUGENCY. — IMP. RENÉ DUGUET. — 7787-1-29.